iBS 교육방송

내 · 신 · 적 · 중

중학수학 1-1

INTRODUCE

이 책을 펴내면서

IPTV교육방송은 교육전문방송으로서 학교교육을 보완하고 국민 평생교육 담당이라는 사회적 책임과 의무를 다하기 위하여 부단한 노력을 기울여 오고 있습니다.

특히, 교육환경의 변화와 이에 따른 교육현장의 요구를 최대한 수용하여 학교 교육을 보충·심화할 수 있도록 다양한 교재와 프로그램을 새롭게 개발하고 있습니다.

이러한 노력의 일환으로 IPTV교육방송은 고등학교에서 연차적으로 실시되고 있는 개정 교육과정 및 교과도서를 철저히 분석하여, 방송 교재와 프로그램에 충실히 반영함으로써 세분화·전문화된 교재와 방송 프로그램을 개발하고 있습니다.

또한, IPTV교육방송 홈페이지를 통해 언제 어디서나 손쉽게 볼 수 있도록 하여 학교나 가정에서 반복 학습이 가능하도록 하였습니다.

앞으로도, IPTV교육방송은 가정경제의 위기 속에, 날로 심각해지는 국민 사교육비 부담을 덜어주고 공교육의 정상화를 위한 다각적인 노력을 기울이며, 공영방송으로서의 새로운 비전을 제시할 수 있도록 최선을 다하겠습니다.

2014년 1월

c·o·n·t·e·n·t

I.
자연수

01 약수와 배수

>>> 핵심급소 / 약수와 배수는 자연수에서만 생각하기로 한다.

 기본개념

(1) 몫과 나머지 : 자연수 a를 자연수 b로 나누면 $a = b \times (몫) + (나머지)$가 성립한다.
   ① 나머지는 항상 b 보다 작다. $(0 \leq (나머지) < b)$
   ② 나머지가 0이면 a는 b로 나누어 떨어진다.
(2) 약수와 배수 : 자연수 a가 자연수 b로 나누어 떨어질 때,
   a를 b의 배수, b를 a의 약수라 한다.
   $a = b \times (자연수)$

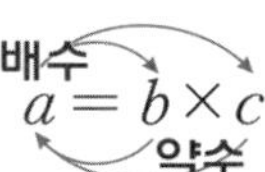

 보너스개념

[특수한 수의 배수]
2의 배수 : 일의 자리의 수가 0 또는 2의 배수인 수, 3의 배수 : 각 자리의 숫자의 합이 3의 배수인 수
4의 배수 : 끝의 두 자리의 수가 00 또는 4의 배수인 수, 5의 배수 : 일의 자리의 수가 0 또는 5인 수
9의 배수 : 각 자리의 숫자의 합이 9의 배수인 수

 필수예제

다음 수의 약수를 모두 구하여라.
(1) 3×5 (2) 3×5^2 (3) $2^2 \times 5^2$ (4) $2 \times 3 \times 5^2$

 확인유제 01

다음 중 옳지 않은 것은?
① a가 b의 배수이면 b는 a의 약수이다.
② 모든 자연수는 자기 자신을 약수로 가진다.
③ 1은 모든 자연수의 약수이다.
④ 모든 자연수는 약수가 2개 이상이다.
⑤ a, b, c가 자연수이고 $a = b \times c$일 때, b와 c는 a의 약수이다.

>>> 핵심급소 / 2는 가장 작은 소수이고, 소수 중 유일한 짝수이다.

기본개념

(1) 소수 : 1이 아닌 자연수 중에서 1과 그 수 자신만을 약수로 가지는 수
(2) 거듭제곱 : 같은 수나 문자를 거듭하여 지수로 써서 나타낸 것
(3) 밑 : 거듭제곱에서 거듭하여 곱한 수나 문자
(4) 지수 : 거듭제곱에서 곱한 횟수

$$a^n$$
지수 / 밑

보너스개념

• 1과 소수를 제외한 나머지 자연수를 합성수라 한다.
• 1은 소수도 합성수도 아니다.

필수예제

다음 수의 약수를 구하고 소수와 합성수로 구분하여라.
(1) 5   (2) 9   (3) 17   (4) 20

✎ 포인트 / 1이 아닌 자연수 중에서 소수가 아닌 수를 합성수라 한다.

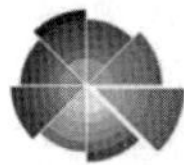

확인유제 01

다음 수를 거듭제곱으로 나타내어라.
(1) 10을 6번 곱한 수
(2) 밑이 3이고 지수가 7인 수
(3) 밑이 7이고 지수가 3인 수
(4) $2 \times 2 \times 3 \times 3 \times 3 \times 5 \times 5 \times 3 \times 2$

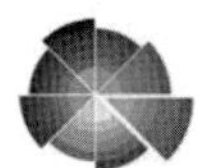

확인유제 02

1부터 20까지의 자연수 중에서 소수인 것을 모두 말하여라.

>>> 핵심급소 / 소인수분해의 결과에는 합성수가 있어서는 안된다.

기본개념

(1) 인수 : 자연수 a, b, c에 대하여 $a = b \times c$일 때, b와 c를 a의 인수라 한다.

(2) 소인수 : 소수인 인수

(3) 소인수분해 : 자연수를 소수들만의 곱으로 나타내는 것

(4) 소인수분해하는 방법

　ⅰ) 나누어 떨어지는 소수로 차례로 나누어 간다.

　ⅱ) 몫이 소수가 나오면 멈춘다.

　ⅲ) 나눈 소수들과 몫을 곱셈 부호로 연결한다.

$$2\,\underline{)\,30}$$
$$3\,\underline{)\,15}$$
$$5 \leftarrow \text{몫이 소수}$$
$$\therefore\ 30 = 2 \times 3 \times 5$$

보너스개념

다음과 같이 소인수분해할 수도 있다.

필수예제

다음 수를 소인수분해하여라.

(1) 66　　　　　　　　　　(2) 225

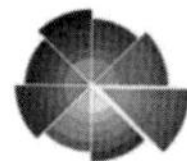
확인유제 01

다음 수를 소인수분해하여라.

(1) 36　　　　　　　　　　(2) 60

✏ 포인트 / 소인수분해한 결과는 보통 크기가 작은 소인수부터 차례로 쓰고, 같은 소인수의 곱은 거듭제곱으로 나타낸다.

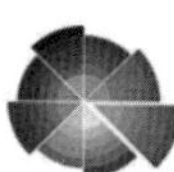
확인유제 02

다음 수의 소인수를 말하여라.

(1) 84　　　　　　　　　　(2) 300

04 소인수분해를 이용한 약수 구하기

>>> 핵심급소 / 소인수분해한 후, 각 소인수의 지수에 1을 더하여 곱한다.

기본개념

자연수 A가 $A = a^m \times b^n$ (a, b는 소수, m, n은 자연수)으로 소인수분해될 때,

(1) 약수 구하기

오른쪽과 같은 표를 그려서 약수를 구한다.

(2) 약수의 개수

A의 약수의 개수 : $(m+1) \times (n+1)$개

	$\times 1$	a	$\cdots$	a^m
1	1×1	$1 \times a$	$\cdots$	$1 \times a^m$
b	$b \times 1$	$b \times a$	$\cdots$	$b \times a^m$
$\vdots$	$\vdots$	$\vdots$		$\vdots$
b^n	$b^n \times 1$	$b^n \times a$	$\cdots$	$b^n \times a^m$

보너스개념

- 소인수의 지수가 없는 것은 '0'이 아니라 '1'이 생략되어 있는 것이다.
- 자연수 A가 $A = a^l + b^m + c^n$으로 소인수분해되면 A의 약수의 개수는 $(l+1) \times (m+1) \times (n+1)$개이다.

필수예제

소인수분해를 이용하여 24의 약수의 개수를 구하여라.

확인유제 01

$2^3 \times 3^2$의 약수의 개수는?

① 5개 　　　② 6개 　　　③ 10개 　　　④ 12개 　　　⑤ 15개

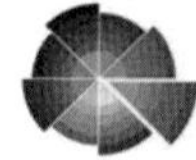

확인유제 02

500의 모든 약수와 약수의 개수를 표를 그려서 구하여라.

01 네 자리의 수 74□2가 4의 배수이면서 동시에 9의 배수일 때, □안에 알맞은 수는?

    ① 0   ② 3   ③ 5   ④ 7   ⑤ 8

02 30의 약수 중 소수만 쓴 것은?

    ① 5   ② 2, 3   ③ 2, 5   ④ 2, 3, 5   ⑤ 3, 5, 7

03 45에 가능한 한 작은 자연수를 곱하여 어떤 수의 제곱이 되게 하려고 한다. 곱해야 할 자연수는?

    ① 2   ② 3   ③ 5   ④ 7   ⑤ 11

04 $3^4 \times \boxed{}$의 약수의 개수가 15 개일 때, 다음 중 $\boxed{}$ 안의 수가 될 수 없는 것은?

    ① 2^2 ② 3^2 ③ 5^2 ④ 7^2 ⑤ 11^2

01 공약수와 최대공약수

>>> 핵심급소 / 소수와 소수는 반드시 서로소가 된다.
하지만 두 수가 모두 합성수이어도 서로소가 될 수 있다.

 **기본개념**

(1) 공약수 : 두 개 이상의 자연수의 공통인 약수
(2) 최대공약수 : 공약수 중 가장 큰 수
(3) 최대공약수의 성질 : 두 개 이상의 자연수의 공약수는
  그들의 최대공약수의 약수이다.
(4) 서로소 : 공약수가 1뿐인 두 자연수

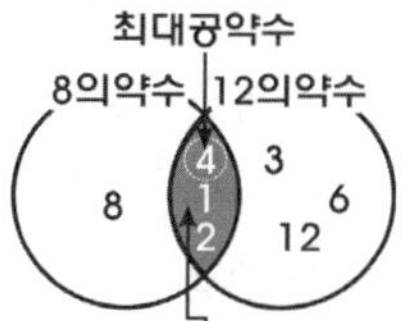

 **보너스개념**

A∩B 는 공약수의 집합이고, A∩B의 원소 중 가장 큰 수가 최대공약수이다.

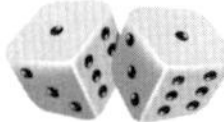 **필수예제**

두 수 24와 30의 공약수와 최대공약수를 구하여라.

포인트 / [최대공약수 구하기] (1) 각 수의 약수를 모두 구한다.
  (2) 공약수를 찾는다.
  (3) (2) 중에서 가장 큰 수를 찾는다.

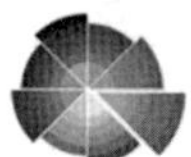 **확인유제 01**

다음 중 서로소가 <u>아닌</u> 것은?

① 2 와 3   ② 4 와 5   ③ 8 과 15   ④ 9 와 20   ⑤ 12 와 21

>>> 핵심급소 / 공통인 소인수 중 거듭제곱의 지수가 작거나 같은 것을 곱한다.

 **기본개념**

(1) 소인수분해를 이용한 방법

ⅰ) 각 수를 소인수분해한다.

ⅱ) 공통인 소인수 중에서 거듭제곱의 지수가 같은 것은 그대로, 다른 것은 작은 것을 선택하여 곱한다.

(2) 나눗셈을 이용한 방법

ⅰ) 공통인 소인수로 각 수를 나눈다.

ⅱ) 서로소가 될 때까지 계속 나눈다.

ⅲ) 공통인 소인수들을 모두 곱한다.

$$
\begin{array}{r|rr}
2) & 36 & 90 \\
3) & 18 & 45 \\
3) & 6 & 15 \\
& 2 & 5
\end{array}
\quad\Leftrightarrow\quad
\begin{array}{l}
36 = 2\times2\times3\times3 \\
90 = 2\times3\times3\times5 \\
\hline
2\times3\times3 \qquad = \underline{18} \\
\downarrow \\
\text{최대공약수}
\end{array}
$$

 **보너스개념**

$$
\begin{array}{l}
36 = 2\times2\times3\times3 \\
54 = 2\times3\times3\times3 \\
90 = 2\times3\times3\times5 \\
\hline
2\times3\times3
\end{array}
\qquad \therefore\ 36,\,54,\,90\ \text{의 최대공약수는}\ 2\times3\times3 = 18
$$

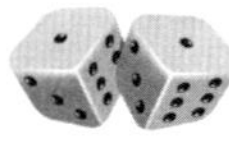 **필수예제**

다음 수들의 최대공약수를 구하여라.

(1) 24, 80

(2) $2\times3^2\times5,\ 2^2\times3^3$

 **확인유제 01**

나눗셈을 이용하여 다음 수들의 최대공약수를 구하여라.

(1) 16, 24

(2) 54, 72

>>>> 핵심급소 / 공통인 소인수 중 거듭제곱의 지수가 작거나 같은 것을 곱한다.

기본개념

(1) 공배수 : 두 개 이상의 자연수의 공통인 배수
(2) 최소공배수 : 공배수 중에서 가장 작은 수
(3) 최소공배수의 성질 : 두 개 이상의 자연수의 공배수는 그들의 최소공배수의 배수이다.
(4) 서로소인 두 자연수의 최소공배수는 두 자연수를 곱한 수이다.

보너스개념

두 수 a, b가 서로소일 때, a와 b의 최소공배수 $\Rightarrow a \times b = ab$
예를 들어, 11, 13은 서로소이므로 11과 13의 최소공배수는 $11 \times 13 = 143$이다.

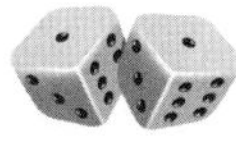

필수예제

4의 배수와 6의 배수의 공배수 중 가장 작은 수를 구하여라.

포인트 / 공배수는 최소공배수의 배수이다.

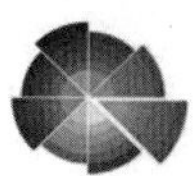

확인유제 01

$2^2 \times 3 \times 5,\ 2 \times 3^2 \times 5$의 공배수가 아닌 것은?

① $2^2 \times 3^2 \times 5^3 \times 11$
② $2^3 \times 3^2 \times 5 \times 7$
③ $2^3 \times 3^2 \times 5^2$
④ $2 \times 3^2 \times 5^2$
⑤ $2^2 \times 3^2 \times 5$

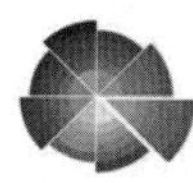

확인유제 02

두 수 A와 B의 최소공배수가 6일 때, A와 B의 공배수 중 100에 가장 가까운 수를 구하여라.

>>> 핵심급소 / 모든 인수의 지수가 크거나 같은 것들을 곱한다.

기본개념

(1) 소인수분해를 이용한 방법

　ⅰ) 각 수를 소인수분해한다.

　ⅱ) 공통인 소인수 중에서 거듭제곱의 지수가 같은 것은 그대로, 다른 것은 큰 것을 선택하고, 공통이 아닌 소인수는 모두 선택하여 곱한다.

(2) 나눗셈을 이용한 방법

　ⅰ) 두 개 이상의 수의 공통인 소인수로 어느 두 수의 몫이 서로소가 될 때까지 나눈다.

　ⅱ) 나눈 소인수와 마지막 몫을 곱한다.

$$
\begin{array}{r|rr}
2 & 24 & 60 \\
2 & 12 & 30 \\
3 & 6 & 15 \\
\hline
 & 2 & 5
\end{array}
\quad\Leftrightarrow\quad
\begin{array}{l}
24=2\times2\times2\times3 \\
60=2\times2\ \ \ \times3\times5 \\
\hline
2\times2\times2\times3\times5\ =120
\end{array}
$$

$\downarrow$ 최소공배수

보너스개념

$$
\begin{array}{l}
12 = 2\times2\times3 \\
18 = 2\ \ \ \times3\times3 \\
60 = 2\times2\times3\ \ \ \times5 \\
\hline
2\times2\times3\times3\times5=180
\end{array}
$$

$\therefore$ 12, 18, 60의 최소공배수 : 180

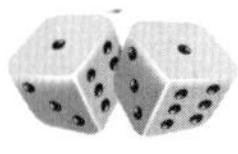

필수예제

소인수분해를 이용하여 다음 수들의 최소공배수를 구하여라.

(1) $2^2\times5^2$, $2^2\times3\times5$ 　　　　　　　　(2) 16, 40

✎ 포인트 / 공통인 소인수 중 거듭제곱의 지수가 같거나 큰 것을 선택하고, 공통이 아닌 소인수는 모두 선택하여 곱한다.

확인유제 01

나눗셈을 이용하여 다음 수들의 최소공배수를 구하여라.

(1) 12, 18 　　　　　　　　(2) 36, 42

✎ 포인트 / 최대공약수를 구할 때와 마찬가지로 반드시 소수로만 나누는 것이 아니라 공통으로 나누어지는 수 중에서 가능한 한 큰수로 나누어도 좋다.

개념다지기 문제

01 연필 72 자루, 공책 48 권, 지우개 180 개를 가능한 한 많은 학생들에게 똑같이 나누어 주려고 한다. 다음 물음에 답하여라.

(1) 모두 몇 명의 학생에게 나누어 줄 수 있는지 구하여라.
(2) 한 학생이 받을 수 있는 연필, 공책, 지우개의 수를 각각 구하여라.

✎ 포인트 / [최대공약수] 학생들에게 똑같이 나누어 주어야 하므로 각 문구의 수는 학생 수로 나누어 떨어져야 한다.

02 143보다 작은 양의 정수 중에서 143과 서로소인 수는 몇 개인가?

① 120 개　　② 121 개　　③ 122 개　　④ 123 개　　⑤ 125 개

✎ 포인트 / 공배수와 최소공배수

03 가로, 세로, 높이가 각각 12 cm, 20 cm, 8 cm인 직육면체 모양의 나무토막이 있다. 이 나무토막을 일정한 방향으로 쌓아 올려서 가장 작은 정육면체 모양을 만들려면 나무토막은 몇 개가 필요한지 구하여라.

✎ 포인트 / [최소공배수의 활용] 가장 작은 정육면체 모양을 만들려고 하므로 최소공배수를 활용한다.

04 자전거로 운동장을 한 바퀴 도는 데 희권이는 45초, 수민이는 60초가 걸린다. 이와 같은 속력으로 이 두 사람이 같은 곳에서 동시에 출발하여 같은 방향으로 운동장을 돌 때, 두 사람은 몇 초 후에 출발점에서 다시 만나는가?

✎ 포인트 / [최소공배수] 45와 60의 최소공배수를 구한다.

05 서로 맞물려 ㅋ도는 톱니바퀴 ㉮ 와 ㉯가 있다. ㉮의 톱니의 수는 20, ㉯의 톱니의 수는 15일 때, 이 톱니가 같은 이에서 처음으로 다시 맞물리는 것은 ㉮가 몇 바퀴 돈 후인지 구하여라.

    ✎ 포인트 / [최소공배수] 20과 15의 최소공배수를 구한다.

06 A시로 가는 버스는 15분마다 출발하고, B시로 가는 버스는 25분마다 출발한다고 한다. 두 노선의 첫 버스가 모두 오전 8시에 출발하였을 때, 두 노선의 버스가 다시 동시에 출발하게 되는 가장 빠른 시각을 구하여라.

    ✎ 포인트 / [공배수와 최소공배수] 15분과 25분의 최소공배수의 간격으로 두 노선의 버스는 동시에 출발한다.

07 세 수 $\dfrac{12}{7}$, $\dfrac{36}{5}$, $\dfrac{15}{4}$ 의 어느 것에 곱하여도 자연수가 되는 분수 중 가장 작은 수를 구하여라.

    ✎ 포인트 / [최대공약수와 최소공배수] 구하는 분수를 $\dfrac{b}{a}$ 라 할 때, b는 세 분수의 분모의 배수이어야 하며, a는 세 분수의 분자의 약수이어야 한다.

08 자연수 a와 15의 최소공배수는 60이고, 최대공약수는 3일 때, 자연수 a를 구하여라.

    ✎ 포인트 / 최대공약수와 최소공배수

" 그 힘이 오늘의 나를 "

한 성공한 스승이 회갑연을 베풀어주는 제자들에게 의미심장한 말씀을 시작했습니다.

"사랑하는 여러분이여! 나는 사실 고아아닌 고아였습니다.

나의 부모가 가난 때문에 나를 버리고 도망을 하였답니다."

"아니, 교수님은 언제나 사랑을 흠뻑 먹었다고 하시지 않았습니까?"

"부모님이 나를 버렸을 때 나는 나도 세상을 버리려고 했습니다.

그런데 그때 나에게 사랑을 흠뻑 먹여주신 분이 계셨습니다."

"아, 돈 많은 양부모님을 만나셨군요?"

"내가 자란 고아원의 팔 한 짝이 없는 불구자 선생님 한 분이

어느 추운 겨울밤에 나를 꼭 끌어안으시고 사랑의 눈물을 내게 먹이셨습니다."

'나 같은 사람도 사는데.... 너는 꼭 큰 일을 해 낼 수 있을 꺼야'라며

그때 나를 으스러지게 끌어안아 주시던 그

선생님의 한쪽 팔의 힘이

나의 건강한 60평생의 두 팔의 힘보다 더

크셨지요.

그 힘이 오늘의 나를 만들어 주셨습니다."

Ⅱ. 정수와 유리수

01 부호가 붙은 수

>>>> 핵심급소 / 0 보다 큰 수는 +, 0 보다 작은 수는 -로 나타낸다.

기본개념

(1) 양의 부호(기호 +) : 0보다 큰 수로 수직선 위에서
  0보다 오른쪽에 있다.
(2) 음의 부호(기호 -) : 0보다 작은 수로 수직선 위에서
  0보다 왼쪽에 있다.
(3) 0 이외의 모든 수는 부호를 가진 수이다.

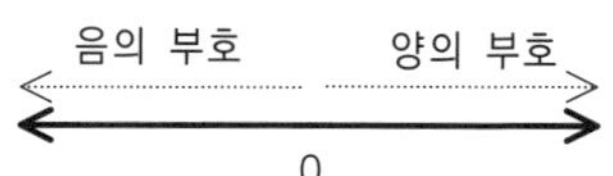

보너스개념

$+a$는 「플러스a」, $-a$는 「마이너스a」라고 읽는다.
부호 +, -는 덧셈, 뺄셈의 기호의 모양은 같지만 뜻은 다르다.

필수예제

다음을 +부호, - 부호를 사용하여 나타내어라.
(1) 영상 5℃를 +5로 나타낼 때, 영하 5℃
(2) 3 시간 전을 -3으로 나타낼 때, 2 시간 후
(3) 지상 10층을 +10으로 나타낼 때, 지하 3층

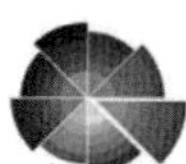

확인유제 01

다음 수를 부호가 붙은 수로 나타내어라.
(1) 0보다 5만큼 큰 수
(2) 0보다 3만큼 작은 수

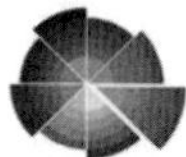

확인유제 02

다음을 부호 +, -를 붙여서 나타내어라.
(1) 10분을 일찍 도착한 것을 -10이라 할 때, 5분 늦게 도착한 것
(2) 오른쪽으로 5m 떨어진 것을 +5라 할 때, 왼쪽으로 7m 떨어진 것

✎ 포인트 / 서로 반대인 성질을 나타낼 때, 한쪽은 +로, 다른 쪽은 -로 나타낸다.

>>>> 핵심급소 / 양의 정수는 + 부호를 생략하여 나타내기도 하므로 자연수와 같다

기본개념

(1) 양의 정수 : 자연수에 양의 부호 +를 붙인 수
(2) 음의 정수 : 자연수에 음의 부호 −를 붙인 수
(3) 정수 : 양의 정수, 0, 음의 정수를 통틀어 정수라 한다.

보너스개념

- 0은 양수도 음수도 아니다.
- 양의 정수는 +부호를 생략하여 나타낼 수 있다.

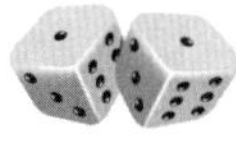

필수예제

다음 〈보기〉의 수 중에서 물음에 해당하는 수를 모두 말하여라.

$$\boxed{보기} \qquad 4, \qquad 0.5, \qquad 0, \qquad 7, \qquad -\frac{3}{4}, \qquad -1, \qquad 2$$

(1) 양의 정수   (2) 음의 정수

 포인트 / 0은 양의 정수도 음의 정수도 아니다.

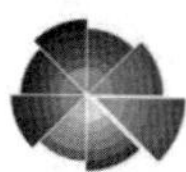

확인유제 01

$-2 \leq x < 3.5$를 만족하는 정수 x의 개수는?
① 없다.   ② 4개   ③ 5개   ④ 6개   ⑤ 무수히 많다.

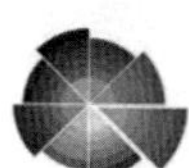

확인유제 02

-5.8과 $3\frac{4}{5}$ 사이에 있는 정수의 개수는?
① 7개   ② 8개   ③ 9개   ④ 10개   ⑤ 11 개

>>> 핵심급소 / 유리수는 정수와 정수가 아닌 유리수로 구분된다.

 **기본개념**

(1) 유리수 : 분자, 분모($\neq 0$)가 정수인 분수로 나타낼 수 있는 수를 말하며, 양수, 0, 음수를 통틀어 유리수라 한다.

(2) 음의 유리수(음수) : 분모, 분자가 자연수로 나타내어지는 분수에 음의 부호 $-$가 붙은 수

(3) 양의 유리수(양수) : 분모, 분자가 자연수로 나타내어지는 분수에 양의 부호 $+$가 붙은 수

$$\text{유리수} \begin{cases} \text{정수} \begin{cases} \text{양의 정수}(=\text{자연수}) \\ 0 \\ \text{음의 정수} \end{cases} \\ \text{정수가 아닌 유리수} \end{cases}$$

 **보너스개념**

정수가 아닌 유리수는 $-0.1, \dfrac{1}{2}, \cdots$과 같이 분수 또는 소수로만 나타낼 수 있는 유리수이다.

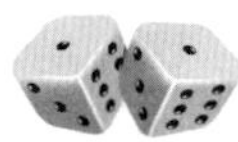 **필수예제**

다음 〈보기〉의 수 중에서 오른쪽 벤 다이어그램의 어두운 부분에 속하는 수를 모두 찾아라.

보기 $\quad -\dfrac{9}{4}, \quad -1, \quad 0, \quad 2.4, \quad 5$

✏️ 포인트 / 0은 양의 정수도 음의 정수도 아니다.

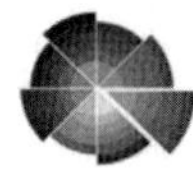 **확인유제 01**

다음 〈보기〉 중 유리수를 모두 골라라.

보기 $\quad +1, \quad -2.7, \quad 0.246\cdots, \quad 0, \quad 1\dfrac{1}{3}$

>>>> 핵심급소 / 수직선에서 0보다 큰 수는 원점의 오른쪽에, 0보다 작은 수는 원점의 왼쪽에 나타낸다.

기본개념

(1) 원점 : 직선 위에 기준점 O을 잡고 그 점에 수 0을 대응시킬 때, 기준이 되는 점 O

(2) 유리수와 수직선 : 원점 O을 기준으로 양의 유리수는 원점의 오른쪽에, 음의 유리수는 원점의 왼쪽에 나타낸다.

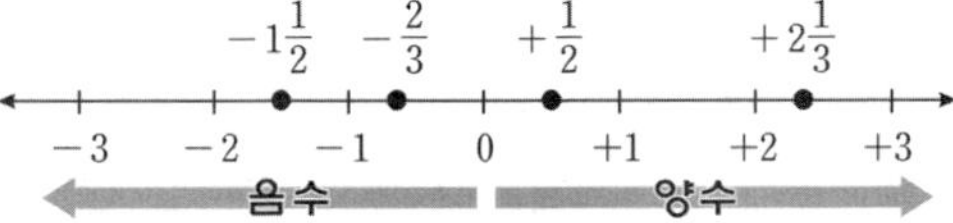

보너스개념

- 수직선에서 큰 수는 작은 수보다 작은 수보다 오른쪽에 나타낸다.
- 수직선에서도 양의 부호 +는 생략하여 나타내기도 한다.

필수예제

다음 수직선 위의 점 A, B, C에 대응하는 수를 말하여라.

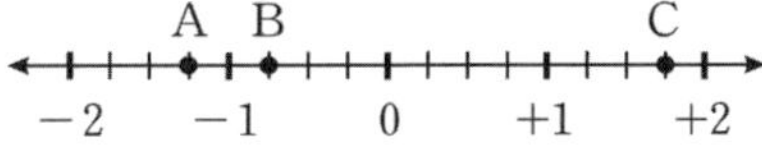

확인유제 01

수직선 위에 다음 수를 대응시켰을 때, 가장 왼쪽에 있는 수는?

① -2.1　　　② 3.4　　　③ $-\dfrac{1}{4}$　　　④ $-\dfrac{10}{3}$　　　⑤ $-\dfrac{9}{4}$

✎포인트 / 수직선 위에서 왼쪽으로 갈수록 작은 수이고, 오른쪽으로 갈수록 큰 수이다.

확인유제 02

a가 b보다 10만큼 크고, 수직선 위에서 점 a와 점 b의 한가운데 있는 점이 3일 때, $a+b$의 값을 구하여라.

✎포인트 / 수직선 위에 나타내면 문제 해결이 편리하다.

>>> 핵심급소 / 절댓값은 그 수에서 부호를 떼어낸 수와 같다.

기본개념

(1) 절댓값 : 수직선 위에서 원점과 어떤 수를 나타내는 점 사이의 거리
(2) 절댓값의 성질
    ① 양수, 음수의 절댓값은 그 수에서 +, − 부호를 떼어낸 수와 같다.
    ② 0의 절댓값은 0이다.
    ③ 부호가 반대이고 두 수의 절댓값이 같다. ⇔ 원점에서 같은 거리에 있다.

보너스개념

- $a > 0$이면 a의 절댓값은 a이고, $a > 0$이면 a의 절댓값은 $-a$이다.
- 양수의 절댓값은 그 수 자신이고, 음수의 절댓값은 부호를 없앤 수이다.

 필수예제

다음 중에서 절댓값이 가장 적은 수는?

① -5
② $-\dfrac{1}{5}$
③ 0
④ 0.2
⑤ 4

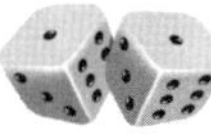 확인유제 01

절댓값이 2인 두 수 사이의 거리는?

① 0
② 1
③ 2
④ 3
⑤ 4

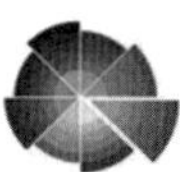 확인유제 02

다음 조건을 만족하는 정수 a, b를 구하여라.

[조건] ㉠ a와 b는 절댓값이 같다. ㉡ a는 b보다 8만큼 크다.

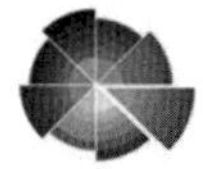 포인트 / 절댓값이 같은 두 수는 수직선 위에 나타내면 원점과의 거리가 각각 같다.

>>> 핵심급소 / 수직선 위에 수를 나타낼 때 오른쪽에 있는 수가 왼쪽에 있는 수보다 크다.

기본개념

수의 대소 관계

① (음수) < 0 < (양수)

② 두 양수에서는 절댓값이 큰 수가 크고, 두 음수에서는 절댓값이 큰 수가 작다.

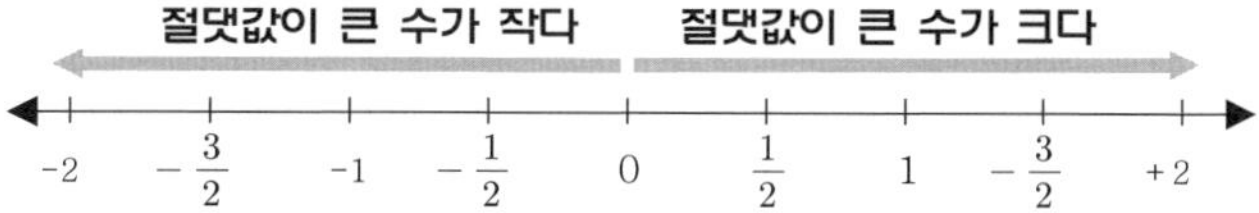

보너스개념

[부등호의 사용]
① a는 b보다 크다. (=초과) ⇒ $a > b$
② a는 b보다 작다. (=미만) ⇒ $a < b$
③ a는 b보다 크거나 같다. (=작지 않다. 이상) ⇒ $a \geq b$
④ a는 b보다 작거나 같다. (=크지 않다. 이하) ⇒ $a \leq b$

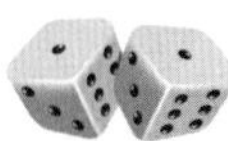

필수예제

다음 수의 대소 관계를 부등호를 사용하여 나타내어라.

(1) -5, -2

(2) 0.6, $\dfrac{1}{2}$

(3) 0, -3.8

 포인트 / 분수는 통분하여 비교한다.

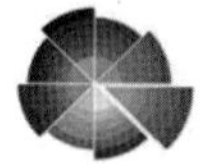

확인유제 01

다음 〈보기〉의 수 중 주어진 수를 작은 수부터 큰 수의 차례로 나열하여라.

보기
$\dfrac{1}{3}$, 0, -0.1, $\dfrac{5}{4}$, -2

 **개념다지기 문제**

01 오른쪽 벤 다이어그램에서 어두운 부분에 속하는 원소는?

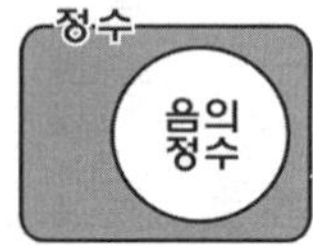

① $-\dfrac{3}{2}$ 　　② 4 　　③ $\dfrac{1}{3}$

④ -2^2 　　⑤ -5

포인트 / [정수] 어두운 부분은 정수에서 음의 정수를 제외한 부분이다.

02 다음은 유리수에 대한 설명이다. 옳은 것은?

① 모든 정수는 유리수이다.

② $\dfrac{5}{0}$ 는 유리수이다.

③ 수직선에서 오른쪽에 있는 수일수록 절댓값이 크다.

④ 두 음수에서 절댓값이 큰 수가 크다.

⑤ 유리수는 양의 유리수와 음의 유리수로 나누어진다.

포인트 / 유리수

03 정수의 집합을 Z, 유리수의 집합을 Q라 할 때, 다음 중에서 옳지 않은 것은?

① $a \in Z,\ b \in Z$이면 $a+b \in Z$이다.

② $a \in Q,\ b \in Q$이면 $\dfrac{a}{b} \in Q,\ \dfrac{b}{a} \in Q$이다.(단, $a \neq 0$이고 $b \neq 0$이다.)

③ $a \in Z,\ b \in Z$이면 $a \times b \in Z$이다.

④ $a \in Z,\ b \in Z$이면 $\dfrac{b}{a} \in Z,\ \dfrac{a}{b} \in Z$이다.(단, $a \neq 0$이고 $b \neq 0$이다.)

⑤ $a \in Z,\ b \in Z$이면 $a-b \in Z$

포인트 / 유리수

04 수직선 위에서 $-\dfrac{8}{3}$에 가까운 정수를 a, $+\dfrac{7}{4}$에 가까운 정수를 b라 할 때, $a-b$의 값은?

① -5 ② -4 ③ -3 ④ -2 ⑤ -1

✎ 포인트 / [유리수의 수직선] 수직선 위에 $-\dfrac{8}{3}$, $+\dfrac{7}{4}$에 대응하는 점을 나타내어 본다.

05 수직선 위에서 -8과 4로부터 같은 거리에 있는 점에 대응하는 수는?

① -3 ② -2 ③ -1 ④ -0.5 ⑤ 0

✎ 포인트 / [유리수의 수직선] 두 점 $A(a)$, $B(b)$의 중점은 $\dfrac{a+b}{2}$

06 두 유리수 a, b는 절댓값은 같고 부호가 서로 반대인 수이다. a가 b보다 5만큼 클 때, 두 수 a, b의 값은?

① $a=+\dfrac{5}{2}$, $b=-\dfrac{5}{2}$ ② $a=+5$, $b=-5$ ③ $a=-\dfrac{5}{2}$, $b=+\dfrac{5}{2}$

④ $a=-5$, $b=+5$ ⑤ $a=+5$, $b=0$

✎ 포인트 / [유리수의 수직선] 두 수 a와 b는 절댓값이 같으므로 원점에서 같은 거리에 있다.

07 절댓값이 3이하인 정수는 모두 몇 개 인가요?

① 2 ② 3 ③ 5 ④ 6 ⑤ 7

✎ 포인트 / [절댓값] 3이하는 3보다 작거나 같다.

08 다음 〈보기〉의 수들에 대한 설명 중 옳지 않은 것은?

$$2.5, \quad -3, \quad -\frac{1}{3}, \quad 0.02, \quad 5, \quad -1$$

① 가장 작은 수는 -3이다.

② 가장 큰 수는 5이다.

③ 절댓값이 가장 작은 수는 $-\dfrac{1}{3}$이다.

④ 음수 중 가장 큰 수는 $-\dfrac{1}{3}$이다.

⑤ 0 보다 작은 수는 3개이다.

✏️ 포인트 / 절댓값

---

09 다음을 만족하는 수를 각각 구하여라.

(1) -5보다 크거나 같고 -1보다 작은 정수

(2) $-\dfrac{3}{2}$보다 크고 1보다 작은 정수

✏️ 포인트 / [수의 대소 관계] 수직선 위에 나타내어 알아본다.

---

10 다음 중 수의 대소 관계가 옳지 않은 것은?

① $-10.5 > -20$ 　　② $-1.5 < 1$ 　　③ $5 > \dfrac{19}{4}$

④ $\dfrac{1}{2} < 1$ 　　⑤ $-\dfrac{1}{2} > -\dfrac{1}{3}$

✏️ 포인트 / [수의 대소 관계] 음수끼리는 절댓값이 큰 수가 작다.

01 정수와 유리수의 덧셈

>>> 핵심급소 / 교환법칙과 결합법칙을 이용하여 양수는 양수끼리 음수는 음수끼리 모아서 계산한다.

 **기본개념**

유리수의 덧셈
① 같은 부호의 두 수의 합 : 두 수의 절댓값의 합에 공통인 부호를 붙인다.
② 다른 부호의 두 수의 합 : 두 수의 절댓값의 차에 절댓값이 큰 수의 부호를 붙인다.
　 특히, 절댓값이 같을 때 그 합은 0이다.

 **보너스개념**

a, b, c가 유리수일 때, ① 덧셈의 교환법칙 : $a+b=b+a$
　　　　　　　　　　　② 덧셈의 결합법칙 : $(a+b)+c=a+(b+c)$

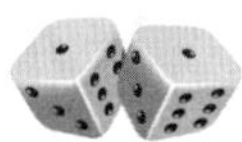 **필수예제**

다음을 계산하여라.
(1) $(+3)+(+5)$　　　　　　　　　　(2) $(-3)+(-5)$
(3) $(+6)+(-4)$　　　　　　　　　　(4) $(-6)+(+4)$

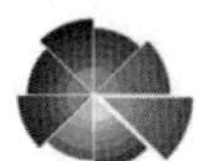 **확인유제 01**

다음을 계산하여라.
(1) $(+4)+(-7)+(+6)$　　　　　　　(2) $(-4)+(+7)+(-3)$
(3) $\left(-\dfrac{1}{4}\right)+(+2)+\left(-\dfrac{3}{4}\right)$　　　　(4) $\left(-\dfrac{1}{3}\right)+\left(-\dfrac{1}{2}\right)+\left(-\dfrac{2}{3}\right)$

>>>> 핵심급소 / 뺄셈에는 교환법칙과 결합법칙이 성립하지 않는다.

기본개념

(1) 유리수의 뺄셈 : 빼는 수의 부호를 바꾸어 덧셈으로 계산한다.
(2) 덧셈과 뺄셈의 혼합 계산
   ① 뺄셈을 덧셈으로 고친다.
   ② 양수는 양수끼리, 음수는 음수끼리 모은다.
   ③ ②를 계산한다.

보너스개념

뺄셈을 이용한 두 수의 대소 관계
  ① $a-b>0$이면 $a>b$
  ② $a-b<0$이면 $a<b$
  ③ $a-b=0$이면 $a=b$

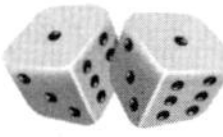

필수예제

다음을 계산하여라.
(1) $(+3)-(+7)$

(2) $(+6)-(-4)$

(3) $(-3.8)-(+2.4)$

(4) $\left(-\dfrac{2}{3}\right)-\left(-\dfrac{1}{2}\right)$

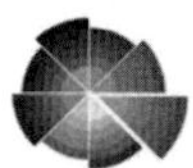

확인유제 01

다음을 계산하여라.
(1) $-2+7-8$

(2) $3-9-4$

확인유제 02

$5+(-7)-(-2)-(+3)$을 계산하여라.

>>> 핵심급소 / 곱셈은 반드시 부호를 먼저 생각한 후, 절댓값의 곱을 계산한다.

기본개념

유리수의 곱셈
① 부호가 같은 두 수의 곱 : 두 수의 절댓값의 곱에 양의 부호 (+)를 붙인다.
② 부호가 다른 두 수의 곱 : 두 수의 절댓값의 곱에 음의 부호 (−)를 붙인다.
③ 어떤 수와 0의 곱은 항상 0이다.

보너스개념

a, b, c가 유리수일 때,　① 곱셈의 교환법칙 : $a \times b = b \times a$
　② 곱셈의 결합법칙 : $(a \times b) \times c = a \times (b \times c)$

필수예제

다음을 계산하여라.
(1) $(+12) \times (+3)$

(2) $(+4) \times (-8)$

(3) $(-4.5) \times (+6)$

(4) $\left(-\dfrac{3}{4}\right) \times \left(-\dfrac{8}{9}\right)$

확인유제 01

다음을 계산하여라.
(1) $-2+7-8$

(2) $3-9-4$

✏ 포인트 / [유리수의 곱셈] (+)×(+)=(+), (+)×(−)=(−), (−)×(+)=(−), (−)×(−)=(+)

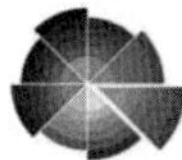

확인유제 02

다음을 계산하여라.
(1) $(+8) \times (+4)$

(2) $(-120) \times 0$

(3) $\left(-\dfrac{4}{3}\right) \times \left(-\dfrac{3}{5}\right)$

(4) $(-3.2) \times (-0.5)$

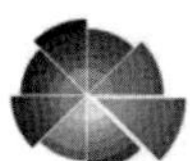

>>> 핵심급소 / 셋 이상의 곱셈과 거듭제곱의 곱셈은 음수의 개수에 따라 부호가 결정된다.

기본개념

(1) 셋 이상의 수의 곱셈

   ① 음수를 개수가 짝수이면 부호는 + 이다.

   ② 음수를 개수가 홀수이면 부호는 − 이다.

(2) 거듭제곱의 곱셈

   ① 양수의 거듭제곱 : 지수에 관계없이 +

   ② 음수의 거듭제곱 : 지수가 $\begin{cases} \text{짝수이면} + \\ \text{홀수이면} - \end{cases}$

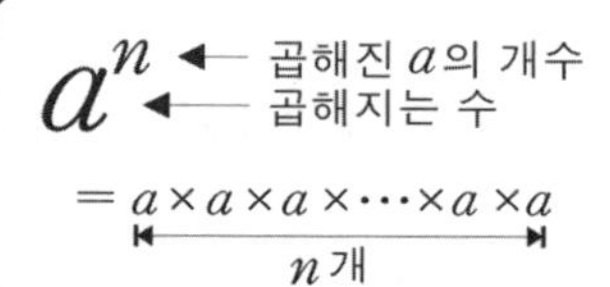

보너스개념

$3^2,\ (-3)^2,\ -3^2$의 차이

  ① $3^2 = 3 \times 3 = 9$

  ② $(-3)^2 = (-3) \times (-3) = +9$

  ③ $-3^2 = -(3 \times 3) = -9$

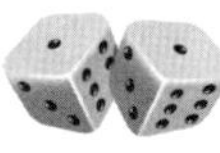 **필수예제**

다음을 계산하여라.

(1) $(-2) \times (+3) \times (-5)$

(2) $4 \times (-1) \times (-3) \times (-2)$

(3) $(-3)^2 \times (-2) \times (-5)$

(4) $(-1)^5 \times (-4)^2 \times 3$

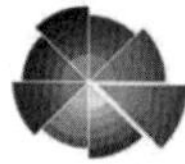 **확인유제 01**

다음 중 옳은 것은?

① $-3^2 = -6$

② $(-2)^3 = -8$

③ $(-1)^{100} = 100$

④ $\left(+\dfrac{2}{3}\right)^2 = +\dfrac{4}{6}$

⑤ $\left(-\dfrac{1}{2}\right)^4 = +\dfrac{1}{8}$

>>>> 핵심급소 / 어떤 수로 나누는 것은 그 수의 역수를 곱한 것과 같다

기본개념

(1) 유리수의 나눗셈
  ① 부호가 같은 두 수의 나눗셈
    두 수의 절댓값의 나눗셈의 몫에 양의 부호 (+)를 붙인다.
  ② 부호가 다른 두 수의 나눗셈
    두 수의 절댓값의 나눗셈의 몫에 음의 부호 (−)를 붙인다.
(2) 역수를 이용한 나눗셈
  ① 역수 : 두 수의 곱이 1일 때, 한 수를 다른 수의 역수라 한다.
  ② 유리수의 나눗셈은 역수를 이용하여 곱셈으로 바꾸어 계산할 수 있다.

보너스개념

역수를 구하는 방법
  ① 정수는 분모가 1인 분수로 생각하고 구한다.
  ② 대분수는 가분수로 고쳐서 구한다.
  ③ 소수는 분수로 고쳐서 구한다.
  ④ 부호는 변함없다.

필수예제

다음을 계산하여라.

(1) $(+24) \div (+3)$

(2) $(+4.8) \div (-6)$

(3) $(-3) \div \left(-\dfrac{1}{5}\right)$

(4) $\left(-\dfrac{4}{7}\right) \div \left(+\dfrac{8}{7}\right)$

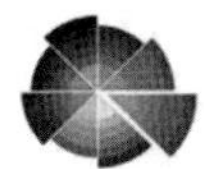

확인유제 01

다음 중 두 수가 서로 역수인 관계로 짝지어진 것은?

① $1,\ -1$
② $-1,\ 0$
③ $-\dfrac{3}{4},\ -\dfrac{4}{3}$
④ $\dfrac{1}{2},\ -2$
⑤ $\dfrac{3}{2},\ -\dfrac{2}{3}$

>>> 핵심급소 / 곱셈과 나눗셈의 혼합 계산은 곱셈식으로 고친 후 계산한다.

기본개념

덧셈, 뺄셈, 곱셈, 나눗셈의 혼합 계산
① 소수는 분수로, 대분수는 가분수로 고친다.
② 거듭제곱이 있으면 거듭제곱을 먼저 계산한다.
③ 괄호가 있으면 소괄호( )→ 중괄호{ }→ 대괄호[ ] 순으로 계산한다.
④ 곱셈, 나눗셈을 먼저 계산하고 덧셈, 뺄셈은 나중에 계산한다.

보너스개념

분배법칙 : a, b, c가 유리수일 때, $a\times(b+c)=a\times b+a\times c,\ (a+b)\times c=a\times c+b\times c$

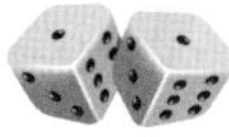

필수예제

$(-2)+(-10)\div(-2)$를 계산하면?

① 2 　　　　② 3 　　　　③ 4 　　　　④ 5 　　　　⑤ 6

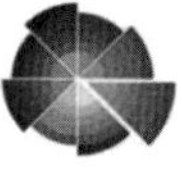

확인유제 01

$\dfrac{1}{12}\times(-3)+3\div\left(-\dfrac{2}{3}\right)-\dfrac{1}{4}$ 을 계산하여라.

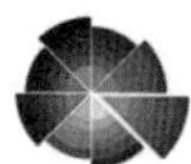

확인유제 02

$(-2^2)-\left\{12\times\left(\dfrac{1}{4}-\dfrac{1}{3}\right)\right\}\div(-0.5)^2$ 을 계산하여라.

개념다지기 문제

01 다음과 같이 규칙적으로 수를 배열하였을 때, 처음부터 2003번 째 수까지의 합은?

> **보기**　　$-1,\ -2,\ 3,\ -1,\ -1,\ -1,\ -2,\ 3,\ -1,\ -1,\ -1,\ -2,\ 3,\ -1,\ -1,\ -1,\ -2,\ 3,\ \cdots$

    ① -800　　　　② -400　　　　③ 0　　　　④ 400　　　　⑤ 800

✏ 포인트 / [유리수의 덧셈] 주어진 수는 $-1,\ -2,\ 3,\ -1,\ -1$의 순으로 5개의 반복되는 규칙으로 배열된 것이다.

02 7을 30번 곱하여 얻은 수와 8을 30번 곱하여 얻은 수를 곱했을 때의 일의 자리의 수는?

    ① 2　　　　② 3　　　　③ 4　　　　④ 6　　　　⑤ 8

✏ 포인트 / [유리수의 곱셈] 7과 8을 각각 거듭하여 곱했을 때, 반복되는 일의 자리의 수를 찾는다.

03 두 유리수 $a,\ b$가 $a < 0,\ b > 0$일 때, 다음 중 항상 양수인 것은?

    ① $a+b$　　　　② $a-b$　　　　③ $a \times b$　　　　④ $a \div b$　　　　⑤ $b-a$

✏ 포인트 / 유리수의 곱셈

04 정수 $a,\ b,\ c,\ d$가 $abcd > 0,\ a < d,\ abc < 0,\ b+c < 0$을 만족할 때 $a,\ b,\ c,\ d$의 부호를 차례로 구하여라.

✏ 포인트 / [유리수의 곱셈] $(abc)d > 0$에서 abc와 d는 같은 부호이고, $abc < 0$이므로 $d < 0$이다.

05 13^{15}을 계산하였을 때, 일의 자리의 숫자를 구하여라.

06 $1\dfrac{1}{2}$의 역수를 a, -4의 역수를 b라 할 때, $a \times b$의 값을 구하여라.

07 두 유리수 a, b에 대하여 $a > 0$, $b < 0$일 때, 다음 수의 부호를 조사하여라.

(1) $a - b$

(2) $a \div (-b)$

08 $a \circ b = (a + b) \div (a - b)$ 라 정의할 때,

$$\left\{\left(-\frac{1}{2}\right) \star \frac{1}{4}\right\} - \left\{\frac{1}{3} \star \left(-\frac{1}{6}\right)\right\}$$ 을 올바르게 계산한 것은?

① 0 ② 1 ③ 2 ④ $\dfrac{1}{3}$ ⑤ $\dfrac{2}{3}$

09 네 유리수 $-\dfrac{7}{3}$, $-\dfrac{3}{2}$, $\dfrac{1}{2}$, -3 중에서 서로 다른 세 수를 뽑아 곱한 수 중 가장 큰 수에서 가장 작은 수를 뺀 값을 구하여라.

✐ 포인트 / 덧셈, 뺄셈, 곱셈, 나눗셈의 혼합 계산

10 다음을 계산하여라.

(1) $-2^3 \div 4 \times (1-3)$

(2) $3 - [6 + 4 \times \{(-2) \times 4 + (-6) \div 2\}]$

✐ 포인트 / [유리수의 혼합 계산] 괄호의 계산은 ( )→{ }→[ ]의 순으로 한다.

11 다음을 계산하여라.

(1) $6 \div \left(-\dfrac{1}{2}\right) \times \left(-\dfrac{1}{3}\right)^2$

(2) $-2^4 \div (-2)^3 \times (-3)^2$

✐ 포인트 / [유리수의 혼합 계산] 거듭제곱의 꼴로 나타내어진 부분을 먼저 계산한다.

12 다음 □안에 알맞은 수나 부호를 써 넣어라.

(1) $(-8) + (+5) = \square (8-5) = \square$

(2) $-3 - 8 = -3 + \square = \square (3+8) = \square$

(3) $-2 + 7 - 3 = -2 + 7 + \square = -2 + (-3) + 7 = \square + 7 = \square$

✐ 포인트 / 유리수의 계산

Ⅲ.
문자와 식

01 문자를 사용한 식

>>> 핵심급소 / 식을 간단히 쓰기 위해 곱셈 기호는 생략하고 나눗셈 기호는 역수를 이용하여 분수의 꼴로 나타낼 수 있다.

기본개념

(1) 문자를 사용한 식 : 수량 사이의 관계를 문자를 사용하여 간단히 나타낸 식
(2) 식을 쓰는 방법
　① 수와 문자, 문자와 문자 사이의 곱셈 기호 ×는 생략한다.
　② 수와 문자의 곱에서는 수를 문자 앞에 쓴다.
　③ 1 또는 −1과 문자의 곱에서 1을 생략한다.
　④ 문자는 일반적으로 알파벳 순서대로 쓴다.
　⑤ 같은 문자의 곱은 지수를 사용하여 거듭제곱의 꼴로 나타낸다.
　⑥ 나눗셈 기호 ÷는 쓰지 않고, 분수의 꼴로 나타낸다.

보너스개념

수량이나 그들 사이의 관계를 문자를 사용한 식으로 나타낼 수 있다.

① (물건의 값)=(단가)×(개수)　　② $(속력) = \dfrac{(거리)}{(시간)}$　　③ $(농도) = \dfrac{(소금의 양)}{(소금물의 양)} \times 100(\%)$

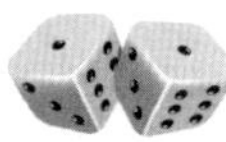
필수예제

다음 중 5개에 a원 하는 귤 3개와 4개에 b원 하는 감 5개의 값을 구하는 식은?

① $(3a+5b)$원　　　　② $5(5a+4b)$원　　　　③ $\left(\dfrac{1}{4}a + \dfrac{1}{5}b\right)$원

④ $\left(\dfrac{1}{5}a + \dfrac{1}{3}b\right)$원　　　　⑤ $\left(\dfrac{3}{5}a + \dfrac{5}{4}b\right)$원

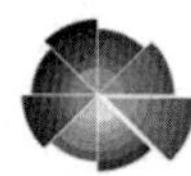
확인유제 01

다음 식을 간단히 나타내어라.
(1) $a \times a \times x \times x$　　　　　　　　(2) $a \div b \times 2$
(3) $x \times x - y \div (-2)$　　　　　　(4) $2 \times (x+y) \div 3$

>>> 핵심급소 / 수를 문자에 대입하여 식의 값을 구할 수 있다.

기본개념

(1) 대입 : 문자를 사용한 식에서 문자를 주어진 수로
바꾸어 넣는 것을 문자에 수를 대입한다고 한다.
(2) 식의 값 : 식의 문자에 어떤 수를 대입하여 구한 값

$$x=1 \text{ 일 때, } 5x-3 \text{의 값}$$
$$5x-3$$
$$=5\times 1-3 \quad \leftarrow x=1\text{을 대입}$$
$$=2 \quad \leftarrow \text{식의 값}$$

보너스개념

- $x=-3$일 때, $2x+1=2\times(-3)+1=-6+1=-5$
- $a=2$, $b=5$일 때, $2a-b+1=2\times 2-5+1=4-5+1=0$

필수예제

$x=-3$, $y=4$일 때, $-x^2+\dfrac{xy}{3}$의 값은?

① $-\dfrac{17}{2}$ ② -13 ③ 3 ④ $\dfrac{17}{2}$ ⑤ 13

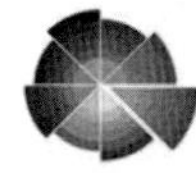

확인유제 01

$x=-2$, $y=3$일 때, $x^2-2xy+y^2$의 값은?

① 1 ② 7 ③ 3 ④ 25 ⑤ 30

확인유제 02

$x=2y$, $y=-3$일 때, $3x^2-4x+2y^2$의 값은?

① 120 ② 130 ③ 140 ④ 150 ⑤ 160

>>> 핵심급소 / 항의 개수, 다항식과 단항식, 차수와 일차식 등 다항식에 관한 용어의 뜻을 이해한다.

기본개념

(1) 항 : 수 또는 문자의 곱으로 나타낸 식
(2) 상수항 : 수만으로 된 항
(3) 다항식 : 몇 개의 항의 합으로 이루어진 식
(4) 단항식 : 다항식 중에서 하나의 항으로만 이루어진 식
(5) 계수 : 수와 문자의 곱으로 된 식에서 문자 앞에 곱해진 수
(6) 차수 : 항에 곱해져 있는 어떤 문자의 개수
(7) 다항식의 차수 : 다항식의 항의 차수 중에서 차수가 가장 큰 항의 차수
(8) 일차식 : 차수가 1인 다항식

보너스개념

다항식 $5x-3y-1$일 때, x의 계수는 5, y의 계수는 -3, 상수항은 -1이고, 항은 $5x$, $-3y$, -1이다.

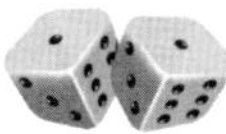

필수예제

다항식 $5x+3-2x$에 대하여 다음 물음에 답하여라.
(1) 동류항을 말하여라.
(2) 주어진 식을 간단히 하여라.

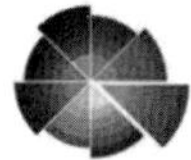

확인유제 01

다항식 $2x-3y+5$에 대하여 다음 [   ] 안에 알맞은 것을 차례로 써 넣어라.
(1) 항은 모두 [   ] 개이고, 상수항은 [   ] 이다.
(2) x의 계수는 [   ] 이고, y의 계수는 [   ] 이다.

✎ 포인트 / $2x-3y+5$에서 2와 -3과 5는 모두 상수이지만 2는 x의 계수, -3은 y의 계수, 5는 상수항이다.

▶▶▶ 핵심급소 / 일차식을 수로 나눌 때에는 나누는 수의 역수를 곱하고, 분배법칙을 이용하여 계산한다.

기본개념

(1) (단항식)×(수) : 수끼리 곱하여 문자 앞에 쓴다.
(2) (단항식)÷(수) : 나누는 수의 역수를 곱한다.
(3) (일차식)×(수) : 분배법칙을 이용하여 일차식의 각 항에 그 수를 곱한다.
(4) (일차식)÷(수) : 일차식의 각 항에 나누는 수의 역수를 곱한다.

보너스개념

- $2(3x+1)=2\times3x+2\times1=6x+2$
- $(8x+6)\div2=(8x+6)\times\dfrac{1}{2}=8x\times\dfrac{1}{2}+6\times\dfrac{1}{2}=4x+3$

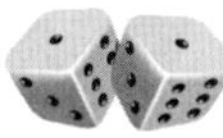

필수예제

다음 중 옳지 <u>않은</u> 것은?

① $10a\times(-5)=-50a$

② $(10x-15)\div5=2x-3$

③ $\dfrac{2}{3}(6x-3)=4x-2$

④ $-(2x+3)=-2x+3$

⑤ $(x-6)\div\dfrac{1}{3}=3x-18$

확인유제 01

다음을 계산하여라.

(1) $\dfrac{2}{3}\left(6a-\dfrac{1}{2}\right)$

(2) $(5a+10)\div\dfrac{5}{6}$

>>> 핵심급소 / 앞에 -부호가 있는 괄호를 풀 때에는 괄호 안의 각 항의 부호가 바뀜에 유의하라.

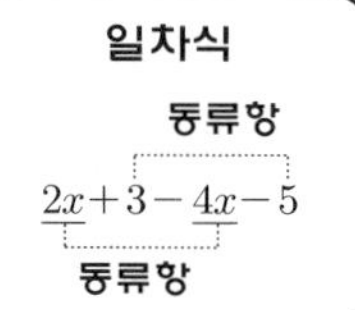

기본개념

(1) 동류항 : 문자와 차수가 모두 같은 항
(2) 일차식의 덧셈, 뺄셈은 다음 순서로 계산한다.
   ① 괄호가 있으면 분배법칙을 이용하여 괄호를 먼저 푼다.
   ② 동류항끼리 모은다.
   ③ ②를 계산하여 정리한다.

보너스개념

동류항끼리의 합 또는 차는 각 항의 계수의 합 또는 차에 문자를 곱한다.
① $ax+bx=(a+b)x$ ② $ax-bx=(a-b)x$

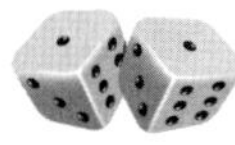

필수예제

$-(x-4)-5(x+2)$를 간단히 하면?

① $-6x-14$ ② $-6x-6$ ③ $-6x+6$ ④ $-4x-14$ ⑤ $-4x+6$

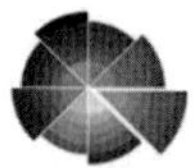

확인유제 01

다음 중 계산 결과가 옳지 않은 것은?

① $3a+2a=5a$ ② $2x+5-3x-8=-x-3$
③ $3(a+5)=3a+5$ ④ $-(-2a+3)=2a-3$ ⑤ $(4x-8)\div4=x-2$

확인유제 02

다항식 $\dfrac{x-2}{3}-\dfrac{3(1-2x)}{2}$를 간단히 하여라.

개념다지기 문제

01 한 자루에 a원 하는 연필 3자루를 사고 500원을 내었을 때의 거스름돈을 식으로 나타내어라.

포인트 / [문자를 사용한 식] (거스름돈) = (낸 돈) − (연필값)

02 오른쪽 그림과 같이 가로의 길이가 a, 세로의 길이가 3, 높이가 2인 직육면체의 겉넓이를 a에 관한 식으로 나타내어라.

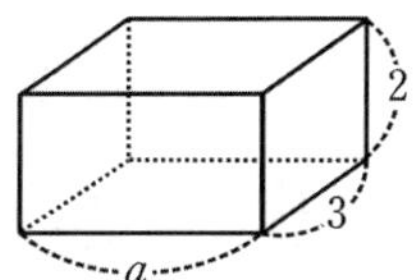

포인트 / 식의 활용

03 3개에 a원 하는 물건을 한 개 사고 b원을 냈을 때의 거스름돈을 식으로 나타내면?

① $(3a-b)$원 ② $(b-3a)$원 ③ $(b-a)$원

④ $\left(\dfrac{a}{3}-b\right)$원 ⑤ $\left(b-\dfrac{a}{3}\right)$원

포인트 / 문자를 사용한 식

04 다음 〈보기〉의 문장을 식으로 나타냈을 때, $4a$인 것을 모두 고른 것은?

보기
㉠ 사슴 a마리의 다리의 개수
㉡ 길이가 a인 리본을 4등분했을 때 한 도막의 길이
㉢ 한 변의 길이가 a인 정사각형의 둘레의 길이

① ㉠ ② ㉡ ③ ㉠, ㉢ ④ ㉡, ㉢ ⑤ ㉠, ㉡, ㉢

포인트 / [문자를 사용한 식] 수량을 문자식으로 나타낼 때 수량 사이의 관계를 생각하여 수량을 수나 문자로 대신한다.

05 다음 식을 간단히 하여라.

(1) $(a+b) \div 3$

(2) $a \times b \div c$

(3) $a \times b + b \times c + c \times a$

(4) $x \div y + 3 \times t$

✎포인트 / [문자를 사용한 식] 여러 문자의 곱은 보통 알파벳 순으로 쓴다.

06 $4x - \dfrac{y}{3} - \dfrac{3}{4}$ 에서 x의 계수를 a, y의 계수를 b, 상수항을 c라 할 때, abc의 값은?

① -9 ② -1 ③ 0 ④ 1 ⑤ 9

✎포인트 / [다항식] $4x - \dfrac{y}{3} - \dfrac{3}{4} = 4x + \left(-\dfrac{1}{3}y \right) + \left(-\dfrac{3}{4} \right)$

07 $x + y = 2$, $y + z = 3$, $z + x = 7$일 때, $\dfrac{x+y+z}{2}$의 값은?

① 2 ② 3 ③ 4 ④ 5 ⑤ 6

✎포인트 / [식의 값] 세 식 $x+y=2$, $y+z=3$, $z+x=7$의 좌변끼리, 우변끼리 더하여 $x+y+z$의 값을 구한다.

08 $\dfrac{x}{4} = \dfrac{y}{5} = \dfrac{z}{7}$일 때, $\dfrac{x-y-z}{x+y+z}$의 값은?

① $-\dfrac{1}{3}$ ② $-\dfrac{1}{2}$ ③ 1 ④ 5 ⑤ $\dfrac{1}{3}$

✎포인트 / [식의 값] $\dfrac{x}{4} = \dfrac{y}{5} = \dfrac{z}{7} = k$ 로 놓고, x, y, z를 k에 대하여 정리한다.

09 $x=3$, $y=-1$일 때, 다음 중 값이 정수인 것은?

① $y-\dfrac{2}{x}$　　　② $\dfrac{xy+x^2}{4}$　　　③ $\dfrac{2x}{3}-xy^2$　　　④ $\dfrac{x+y-4}{2x}$　　　⑤ $6x-\dfrac{y}{5}$

✐포인트 / [식의 값] 음수를 대입할 때는 괄호를 사용하여 대입한다.

10 다음 문장을 등식으로 나타내어라.

(1) 12에서 어떤 수 x를 뺀 후 2로 나눈 값은 3이다.

(2) 170원짜리 우표 x장의 가격은 1190원이다.

✐포인트 / [등식의 성질] 수량 사이의 관계를 파악하여 같은 두 양을 각각 식으로 나타내고, 두 식을 등호로 연결하여 등식으로 나타낸다.

11 $\dfrac{3}{4}(12x-20)+(3x-9)\div\left(-\dfrac{3}{2}\right)$을 간단히 하여라.

✐포인트 / [일차식과 수의 곱셈, 나눗셈] 일차식과 수의 나눗셈에서는 나누는 수의 역수를 곱하고 분배법칙을 이용하여 계산한다.

12 $3(2x+1)-\boxed{}=4x+5$의 $\boxed{}$ 안에 알맞은 식은?

① $-2x-2$　　　② $-x+2$　　　③ $2x-2$　　　④ $3x+2$　　　⑤ $4x-2$

✐포인트 / 일차식의 덧셈, 뺄셈

01 방정식과 항등식

>>> 핵심급소 / 항등식은 문자의 값에 관계 없이 항상 (좌변)=(우변)인 등식이다.

기본개념

(1) 등식 : 등호(=)를 사용하여 두 수나 식이 같음을 나타낸 식
(2) 방정식 : 문자를 포함한 등식에서 문자의 값에 따라 참이 되기도 하고 거짓이 되기도 하는 등식
   ① 미지수 : 방정식에 들어 있는 문자
   ② 방정식의 해(근) : 방정식을 참이 되게 하는 미지수의 값
   ③ 방정식을 푼다 : 방정식의 해를 구하는 것
(3) 항등식 : 등식에 들어 있는 미지수에 어떤 수를 대입하여도 항상 참이 되는 등식

보너스개념

문자를 포함한 등식
(1) 방정식 : $x = (수)$ (2) 항등식 : $0 \cdot x = 0$ (3) 거짓인 등식 : $0 \cdot x = a (a \neq 0$인 상수$)$

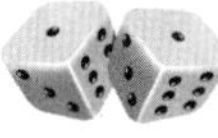

필수예제

다음 등식 중 항등식을 모두 고르면?

① $2x = 4$ ② $3x + 2x = x + 4x$ ③ $-3(x+1) = -3x - 1$

④ $x + 2 = 3x - 2x + 2$ ⑤ $3x - 1 = 4x + 1$

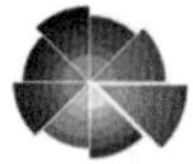

확인유제 01

다음 방정식 중 해가 3인 것을 모두 고르면?

① $3x + 4 = 12$ ② $2(x-1) = 7 - x$ ③ $x + 5 = 2x - 1$

④ $3x - 1 = 5$ ⑤ $-x + 3 = 4x - 12$

확인유제 02

다음 방정식 중 해가 $x = 2$인 것은?

① $-x = -4 + 2x$ ② $2(x+3) = 8$ ③ $-x - 5 = 3x + 3$

④ $2x - 3 = 4x - 7$ ⑤ $3 + 5x = -2$

 핵심급소 / 등식의 성질을 이용하면 방정식을 $x = (수)$의 꼴로 변형하여 방정식의 해를 구한다.

 기본개념

등식의 성질

① 등식의 양변에 같은 수를 더하여도 등식은 성립한다.
② 등식의 양변에서 같은 수를 빼어도 등식은 성립한다.
③ 등식의 양변에 같은 수를 곱하여도 등식은 성립한다.
④ 등식의 양변을 0이 아닌 같은 수로 나누어도 등식은 성립한다.

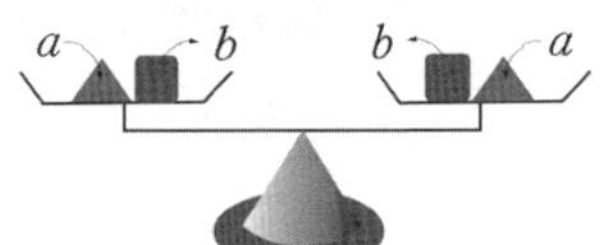

보너스개념

등식의 성질

① $a = b$이면 $a + c = b + c$
② $a = b$이면 $a - c = b - c$
③ $a = b$이면 $ac = bc$
④ $a = b,\ c \neq 0$ 이면 $\dfrac{a}{c} = \dfrac{b}{c}$

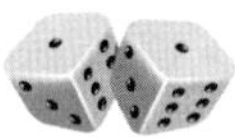 필수예제

다음 중에서 등식의 성질 '$a = b$이면 $ac = bc$이다'를 이용한 것은?

① $x - 2 = 5 \Rightarrow x = 7$

② $\dfrac{x}{4} = 7 \Rightarrow x = 28$

③ $2x - 1 = 4 \Rightarrow 2x = 5$

④ $3 - x = 9 \Rightarrow -x = 6$

⑤ $5x + 1 = -9 \Rightarrow 5x = -10$

✏ 포인트 / 땡님의 암기Song 참고하기

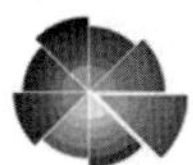 확인유제 01

다음은 등식의 성질을 이용하여 $-\dfrac{2}{3}x + 1 = 4$를 푸는 과정이다. $\boxed{}$ 안에 알맞은 식을 써 넣어라.

$$-\frac{2}{3}x = \boxed{\textcircled{\tiny ㄱ}} \;\rightarrow\; 2x = \boxed{\textcircled{\tiny ㄴ}} \;\rightarrow\; x = \boxed{\textcircled{\tiny ㄷ}}$$

>>> 핵심급소 / 일차방정식은 (x에 관한 일차식)=0의 꼴로 나타내어지는 방정식이다.

기본개념

(1) 이항 : 등식의 한 변에 있는 항을 부호로 바꾸어 다른 변으로 옮기는 것
(2) 일차방정식 : 방정식의 모든 항을 좌변으로 이항하여 정리한 식이
  (x에 대한 일차식) = 0의 꼴로 되는 방정식을 x에 대한 일차방정식이라고 한다.

보너스개념

이항하면 부호가 바뀐다 ⇨ +항을 이항하면 −로, −항을 이항하면 +로 바뀐다.

필수예제

다음 중에서 방정식 $5x - \underline{7} = 3$에서 밑줄친 항을 이항한 식은?

① $5x = 3 - 7$ ② $5x = 3 + 7$ ③ $-7 = 3 + 5x$

④ $-7 = 3 - 5x$ ⑤ $5x = -3 + 7$

✏️ 포인트 / 우변에 있는 항을 좌변으로 이항하여 동류항끼리 묶어 계산한다.

확인유제 01

이항을 이용하여 $3x - 2x = 2x - 3$을 (일차식)=0의 꼴로 나타 내어라.

확인유제 02

방정식 $3x - 10 = 7 - ax$가 일차방정식이 되기 위한 a의 조건을 구하여라.

>>> 핵심급소 / 일차방정식의 풀이는 등식의 성질을 이용하여 $x =$(수)의 꼴로 나타내는 것이다.

기본개념

일차방정식의 풀이 순서

① 괄호가 있으면 풀고 간단히 한다.

② 계수가 소수 또는 분수이면 양변에 적당한 수를 곱하여 정수로 고친다.

③ 등식의 성질을 이용하여 $ax = b(a \neq 0)$의 꼴로 고친다.

④ 양변을 x의 계수 a로 나눈다.

보너스개념

계수를 정수로 고칠 때   ① 계수가 소수이면 양변에 10, 100, …등을 곱한다.
                   ② 계수가 분수이면 양변에 분모의 최소공배수를 곱한다.

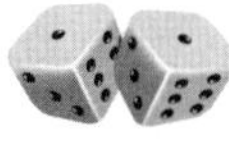

필수예제

x가 집합 $\{-2, -1, 0, 1\}$의 원소일 때, 방정식 $4x-3=-7$의 해는?

① -2 ② -1 ③ 0 ④ 1 ⑤ 없다.

포인트 / 방정식 x에 원소를 차례로 대입하였을 때, 방정식을 참이 되게 하는 x의 값이 방정식의 해이다.

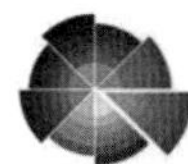

확인유제 01

일차방정식 $\dfrac{3x+1}{2} - \dfrac{2x-3}{3} = 4$를 풀면?

① $x = -6$ ② $x = -3$ ③ 0 ④ $x = 3$ ⑤ $x = 6$

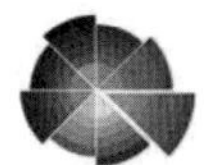

확인유제 02

일차방정식 $0.4x - \dfrac{1}{5} = \dfrac{x-2}{3} + 0.6$을 풀어라.

>>> 핵심급소 / 구하고자 하는 것을 x로 놓고, 조건에 맞게 방정식을 세운다.

기본개념

일차방정식의 활용 문제 풀이
① 문제의 뜻을 파악하고, 구하려는 값을 미지수 x로 놓는다.
② 문제의 뜻에 따라 방정식을 세운다.
③ 방정식을 푼다.
④ 구한 해가 문제의 뜻에 맞는지 확인한다.

➕ 보너스개념

일차방정식의 활용 문제에서 횟수, 개수, 나이의 문제의 미지수는 자연수의 값이고, 거리에 문제에서 미지수는 양수의 값이다.

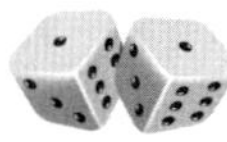
필수예제

다음 〈보기〉를 만족하는 x의 값은?

> **보기** 어떤 수 x의 3배에서 2를 빼면 x보다 4만큼 크다.

① -1 ② 0 ③ 1 ④ 2 ⑤ 3

확인유제 01

땡현이와 동생 땡성이는 아빠의 생신 선물을 포장한 다음 리본으로 묶으려고 한다. 길이가 150cm인 리본을 둘로 나누어 가졌더니 땡현이의 리본이 땡성이의 리본보다 30cm가 더 길었다. 땡성이가 가진 리본의 길이를 구하여라.

✏️ 포인트 / 활용 문제에서 구하고자 하는 것이 두 개 일 때, 기준이 되는 것을 x로 놓으면 편리하다. 이를 테면 'A는 B보다'에서 기준이 되는 것은 B이다.

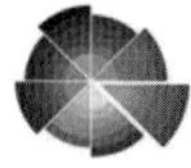
확인유제 02

연속하는 어느 세 정수의 합이 69일 때, 이들 세 정수를 구하여라.

✏️ 포인트 / 연속하는 세 정수는 $x, x+1, x+2$

>>> 핵심급소 / 단위시간 동안 움직인 거리를 속력이라고 한다.

기본개념

시간 · 거리 · 속력 사이의 관계

① (거리) = (속력) × (시간)

② (시간) = $\dfrac{(거리)}{(속력)}$ ③ (속력) = $\dfrac{(거리)}{(시간)}$

보너스개념

- x km의 거리를 시속 a km로 갈 때 걸리는 시간은 $\dfrac{x}{a}$ 시간이다.
- 시속 x km의 속력으로 y시간 동안 달린 거리는 xy km이다.

필수예제

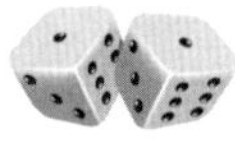

두 지점 A, B 사이를 자동차로 왕복하는데 갈 때는 시속 60km, 올 때는 시속 40km로 2시간 걸렸다. 이 때, A, B 사이의 거리는?

① 40km   ② 42km   ③ 44km   ④ 46km   ⑤ 48km

확인유제 01

길이가 150m인 터널을 완전히 지나가는데 10초 걸리는 여객 열차가 있다. 길이가 70m이고 초속 10m의 속력으로 달리는 화물 열차와 서로 반대 방향으로 달려서 완전히 지나는 데에는 5초가 걸린다고 한다. 이 때, 여객 열차의 길이를 구하여라.

✏ 포인트 / 여객 열차가 터널을 완전히 지나가는 데 움직이는 거리는 (터널의 길이) + (열차의 길이)

>>> 핵심급소 / 물에 녹는 물질이 물 100g 속에 녹아 있는 양을 농도라고 한다.

 기본개념

소금의 양, 소금물의 양, 농도 사이의 관계

① $(소금물의 농도) = \dfrac{(소금의 양)}{(소금물의 양)} \times 100(\%)$

$\qquad\qquad\qquad = \dfrac{(소금의 양)}{(소금물의 양) + (물의 양)} \times 100(\%)$

② $(소금의 양) = (소금물의 양) \times \dfrac{\%(농도)}{100}$

 보너스개념

• 소금물, 설탕물 등 용액의 진하고 묽은 정도를 나타내는 값을 농도라고 한다. 농도의 단위는 보통 %를 많이 쓴다.
• 소금물에 관한 문제는 소금물에 포함되어 있는 소금의 양을 계산하여 푼다.

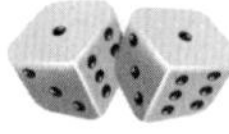 필수예제

10%의 소금물 300g에 물 몇g을 더 넣으면 8%의 소금물이 되겠는가?

① 50g ② 75g ③ 100g ④ 125g ⑤ 150g

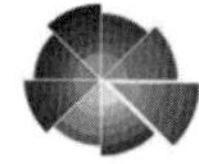 확인유제 01

12%의 소금물 200g에 몇 %의 소금물 300g을 섞으면 15%의 소금물이 되는지 구하여라.

 확인유제 02

5%의 소금물 200g이 있다. 여기에서 몇 g의 물을 증발시키면 8%의 소금물이 되겠는지 구하여라.

✏ 포인트 / 물을 증발시켜도 소금물 속에 포함된 소금의 양은 변하지 않는다.

>>> 핵심급소 / 가격에 관한 문제는 원가, 정가, 판매가, 이익으로 구분한다.

 **기본개념**

(1) 수에 관한 문제
   ① 연속하는 두 정수 : $x,\ x+1$
   ② 연속하는 세 정수 : $x-1,\ x,\ x+1$

(2) 가격에 관한 문제 : (정가)=(원가)+(이익)

(3) 일의 능률에 관한 문제 : 어떤 일을 x일 동안 하면 하루에 일한 양은 전체의 $\dfrac{1}{x}$이다.

(4) 시계에 관한 문제 : 1분 동안 회전한 각의 크기 ⇨ 긴 바늘(분침) $\dfrac{360^\circ}{60}=6^\circ$,

   짧은 바늘(시침) $\dfrac{30^\circ}{60}=0.5^\circ$

 **보너스개념**

연속하는 수의 성질
   ① 연속하는 정수는 1씩 커진다.
   ② 연속하는 짝수 또는 홀수는 2씩 커진다.

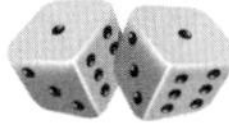 **필수예제**

두 개의 물탱크 A, B에 매분마다 각각 25L, 30L씩 물을 넣으려고 한다. 현재 A에는 250L, B에는 150L의 물이 들어 있다면 두 물탱크의 물의 양이 같아지는 것은 물을 넣기 시작한지 몇 분 후인지 구하여라.

 **확인유제 01**

어떤 일을 하는데 A 혼자서 하면 3일이 걸리고, B 혼자서 하면 6일이 걸릴 때, 이 일을 두 사람이 같이 하면 며칠 만에 끝낼 수 있는지 구하여라.

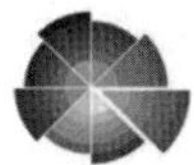 **확인유제 02**

3시 40분에 시계의 시침과 분침이 이루는 작은 각을 구하여라.

✏포인트 / 땡님의 공식암기 Song n시 x분의 시침분침이

개념다지기 문제

01 다음 방정식의 풀이 과정에서 이용된 등식의 성질을 〈보기〉에서 찾아라.

$a = b$이고 c는 자연수일 때
㉠ $a + c = b + c$ ㉡ $a - c = b - c$ ㉢ $ac = bc$ ㉣ $\dfrac{a}{c} = \dfrac{b}{c}$

(1) $4x = -20 \Rightarrow x = -5$

(2) $x - 3 = 10 \Rightarrow x = 13$

(3) $\dfrac{x}{3} = 4 \Rightarrow x = 12$

(4) $5 + x = -1 \Rightarrow x = -6$

✎포인트 / 등식의 성질

02 오른쪽 그림에서 ○ 안에 수는 바로 위의 양 옆의 ○ 안의 수의 합과 같다. 이 때, x의 값은?

① 2 ② 3 ③ 4 ④ 5 ⑤ 6

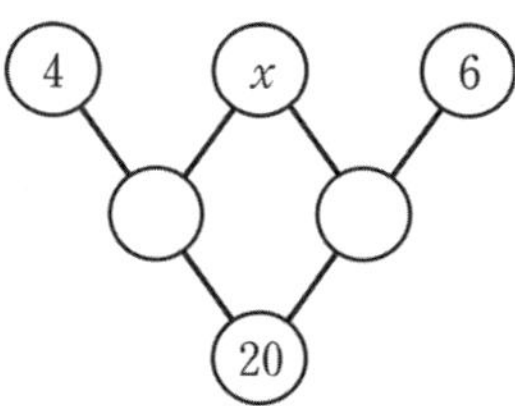

✎포인트 / 일차방정식의 활용

03 책 한 권을 첫째 날에는 전체의 $\dfrac{1}{3}$, 둘째 날에는 전체의 $\dfrac{1}{4}$, 셋째 날에는 10쪽을 읽었더니 전체 쪽수의 $\dfrac{1}{3}$이 남았다. 이 책의 전체 쪽수를 구하여라.

✎포인트 / [일차방정식의 활용] 전체 쪽수를 x라 하면, 전체의 $\dfrac{1}{3}$은 $\dfrac{1}{3}x$이다.

04 어떤 모임이 끝난 후 여자가 13명 먼저 돌아갔더니, 남아 있는 남자의 수는 여자의 수의 2배가 되었고, 다시 남자가 35명 돌아갔더니 남아 있는 여자의 수는 남자의 수의 4배가 되었다. 처음의 여자의 수를 구하여라.

✎포인트 / 일차방정식의 활용

05 길이가 120m인 기차가 길이 380m인 철교를 완전히 건너는 데 15초가 걸렸다. 이 기차의 속력은?

① 110km/시 ② 120km/시 ③ 130km/시 ④ 140km/시 ⑤ 150km/시

✎포인트 / 시간, 거리, 속력에 관한 문제는 단위가 다른 경우에는 우선 단위를 통일하여 풀도록 한다.

06 집에서 약속 장소까지 시속 4km로 걸으면 약속 시간 5분 후에 도착하고, 시속 15km로 자전거를 타고 가면 17분 전에 도착한다고 한다. 집에서 약속 장소까지의 거리를 구하여라.

✏️ 포인트 / [시간, 거리, 속력] $(\text{시간}) = \dfrac{(\text{거리})}{(\text{속력})}$

07 집에서 학교까지 가는 데 시속 40km로 달리는 버스를 타고 가면 시속 10km로 달리는 자전거를 타고 가는 것보다 45분 빨리 도착할 수 있다고 한다. 집에서 학교까지의 거리는 몇 km인가?

✏️ 포인트 / [시간, 거리, 속력] (1시간)=(60분)이므로 $(45분) = \left(\dfrac{3}{4}시간\right)$

08 15%의 소금물 400g이 있다. 여기에서 몇 g의 물을 증발시키면 20%의 소금물이 되겠는가?

① 100g   ② 150g   ③ 200g   ④ 250g   ⑤ 300g

✏️ 포인트 / [소금물의 농도] 물을 증발시켜도 소금의 양은 변함이 없다.

09 7시와 8시 사이에 시계의 분침과 시침이 $180\,°$를 이루는 시각을 구하여라.

✏️ 포인트 / [일차방정식을 활용한 여러 가지 문제] 1분 동안 분침은 $6\,°$씩, 시침은 $0.5\,°$씩 움직인다.

10 어느 학급의 남학생 수는 전체의 $\dfrac{1}{3}$보다 5명이 많고, 여학생 수는 전체의 $\dfrac{3}{4}$보다 7명이 적었다고 한다. 이 학급의 학생 수는 몇 명인가?

① 16명   ② 18명   ③ 20명   ④ 22명   ⑤ 24명

✏️ 포인트 / [일차방정식을 활용한 여러 가지 문제] 전체 학생 수를 x로 놓으면 남학생수는 $\left(\dfrac{1}{3}x+5\right)$명이고 여학생 수는 $\left(\dfrac{3}{4}x-7\right)$명이다.

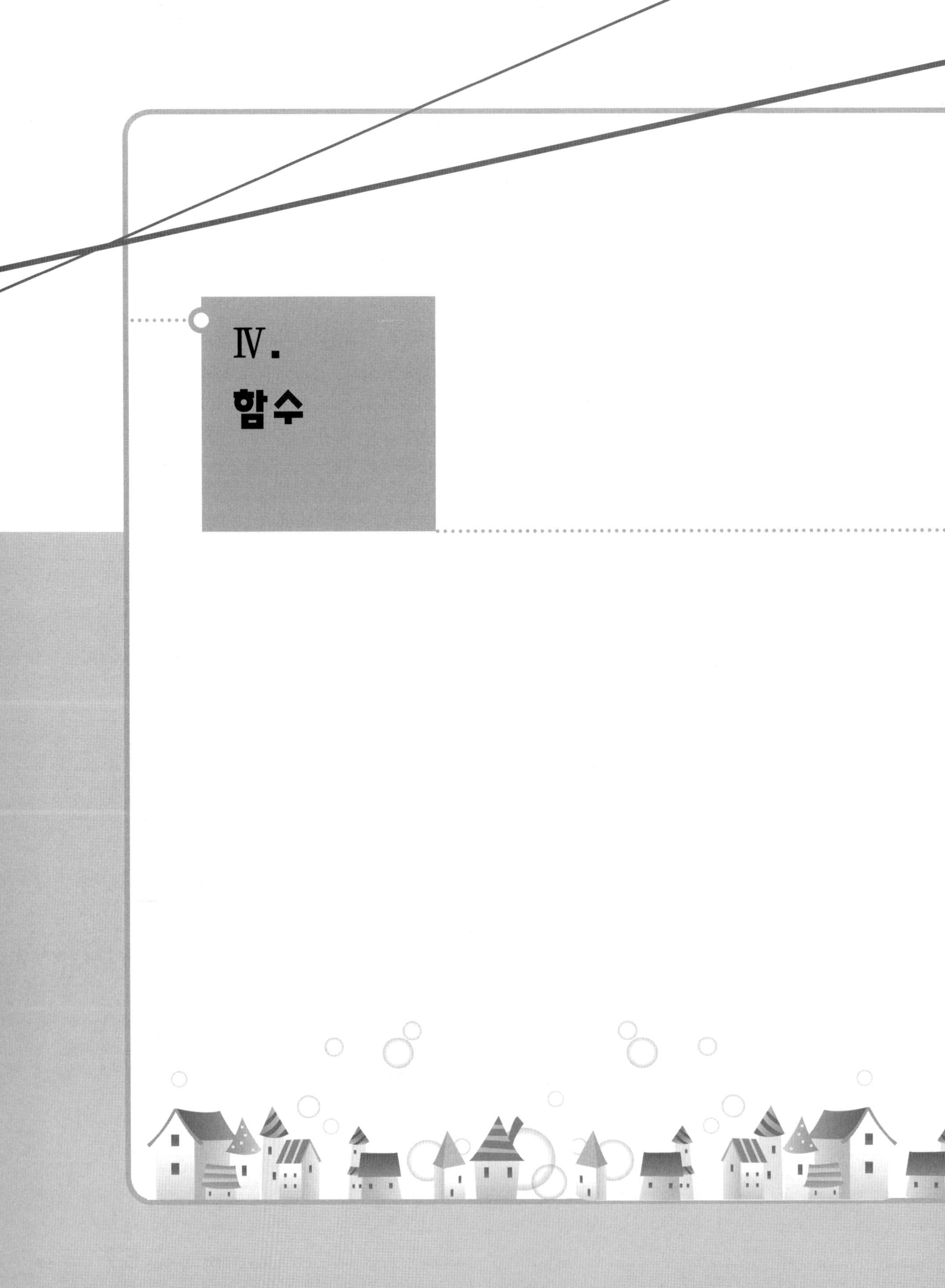

Ⅳ.
함수

01 함수

>>> 핵심급소 / 함수 $y=f(x)$에서 f는 함수를 뜻하는 영어 $function$의 첫 글자이다.

기본개념

(1) 함수 : 변하는 두 양 x, y에서 x의 값이 하나 정해지면 그에 따라 y의 값이 오직 하나씩 결정될 때, y를 x의 함수라 하며 기호 f로 나타낸다.

(2) 변수 : x, y와 같이 여러 가지로 변하는 값을 나타내는 문자

보너스개념

변하는 두 양 x, y에서 x의 값에 대하여 y의 값이 오직 하나씩 결정되는 것이 함수이므로 x의 값에 대하여 y의 값이 두개 이상 결정되면 함수가 아니다.

필수예제

다음 중 y가 x의 함수인 것을 찾아라.

(1) $y = x+2$　　　(2) $y = (x의 배수)$　　　(3) $y = (x의 약수의 개수)$　　　(4) $y = \dfrac{10}{x}$

포인트 / x의 값 한 개에 y의 값이 두 개 이상 정해지면 y는 x의 함수가 아니다.

확인유제 01

다음 중 y가 x의 함수가 <u>아닌</u> 것은?
① 연필 x개와 지우개 y개를 모두 합하여 25개 샀다.
② y는 x보다 작은 자연수이다.
③ 한 변이 $x\text{cm}$인 정사각형의 둘레의 길이가 $y\text{cm}$이다.
④ x분 동안에 분침이 움직이는 각도는 y도이다.
⑤ 자연수 x를 6으로 나눈 나머지가 y이다.

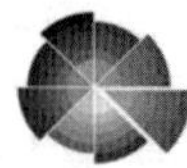

확인유제 02

밑변의 길이가 6cm, 높이가 $x\text{cm}$인 평행사변형의 넓이를 $y\text{cm}^2$라 할 때, 두 변수 x, y 사이의 관계식을 구하고, 이 관계가 함수인지를 말하여라.

포인트 / (평행사변형의 넓이) = (밑변의 길이) × (높이)

>>> 핵심급소 / 치역은 항상 공역의 부분집합이다. 즉, (치역) ⊂ (공역)

 **기본개념**

(1) 함수값 : 함수 $y = f(x)$에서 x에 a를 대입하여 얻은 $f(a)$의 값을 $x = a$에서의 함숫값이라 한다.

교육과정外 치역: 함수 $y = f(x)$의 정의역의 각 원소에 대한 함숫값 전체의 집합

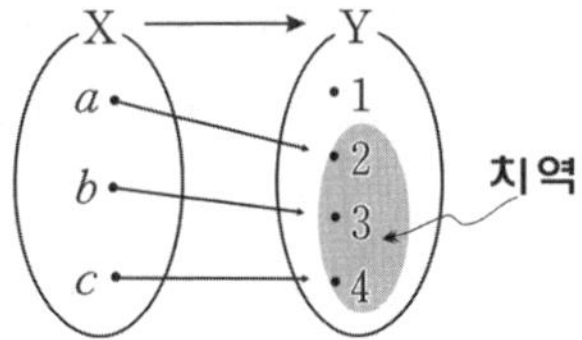

 **보너스개념**

함수 $f(x) = 3x$의 정의역이 $\{0,\ 1,\ 2\}$일 때, $f(0) = 3 \times 0 = 0$, $f(1) = 3 \times 1 = 3$, $f(2) = 3 \times 2 = 6$이므로 $x = 0,\ 1,\ 2$일 때의 함수값은 각각 0, 3, 6이고 치역은 $\{0,\ 3,\ 6\}$이다.

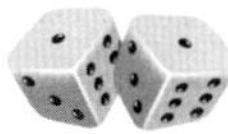 **필수예제**

함수 $f(x) = 3x - 2$일 때, 다음을 구하여라.

(1) $f(-1)$의 값

(2) $-2f(-1) - f(4)$의 값

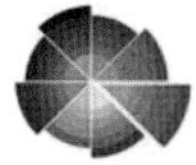 **확인유제 01**

다음 함수에 대하여 $f(10)$의 값을 구하여라.

(1) $f(x) = -\dfrac{1}{2}x - 1$

(2) $f(x) = \dfrac{2}{x} + 1$

 **확인유제 02**

함수 $f(x) = 2x + k$에서 $f(-2) = 4$일 때, 다음을 구하여라.

(1) 상수 k의 값

(2) $f(-1)$의 값

>>> 핵심급소 / 집합은 $\{a, b\} = \{b, a\}$이지만 순서쌍은 $(a, b) \neq (b, a)$이다.

기본개념

(1) 점의 좌표 : 수직선 위의 각 점에 대응하는 수
(2) 수직선에서 좌표를 나타내는 방법 : 수 a가 점 P의 좌표일 때, 기호로 $P(a)$와 같이 나타낸다.
(3) 순서쌍 : 두 수의 순서를 생각하여 두 수를 쌍으로 (a, b)와 같이 나타낸 것

점P 의 좌표

보너스개념

좌표평면위에서 점은 순서쌍을, 순서쌍은 점을 탄생시킨다.

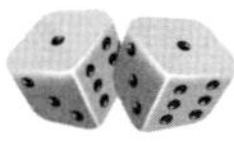

필수예제

다음 점을 수직선 위에 나타내어라.

(1) $P(-2.5)$

(2) $Q\left(\dfrac{5}{2}\right)$

(3) $R(-1.5)$

(4) $S\left(\dfrac{3}{2}\right)$

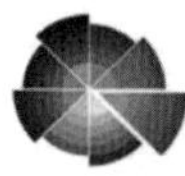

확인유제 01

다음 점을 수직선 위에 나타내어라.

(1) $A(3)$

(2) $B(-1)$

(3) $C\left(1\dfrac{1}{2}\right)$

(4) $D\left(-\dfrac{5}{2}\right)$

✏️ 포인트 / $A(3)$, $B(-1)$, $C\left(1\dfrac{1}{2}\right)$, $D\left(-\dfrac{5}{2}\right)$ 직선 위의 점의 좌표이다.

>>> 핵심급소 / 좌표평면 위의 모든 점은 그 위치를 순서쌍으로 나타낼 수 있다.

기본개념

(1) 좌표축 : 두 수직선이 점 O에서 수직으로 만날 때 가로축을 x축, 세로축을 y축이라 하며, x축, y축을 통틀어 좌표축이라 한다. 또, 두 좌표축의 교점 O를 원점이라 한다.

(2) 좌표평면 : 좌표축이 그려져 있는 평면, 즉 좌표축이 정해져 있어서 점의 위치를 좌표로 나타낼 수 있는 평면

(3) 좌표 : 좌표평면 위의 점 P에서 x축, y축에 수직으로 직선을 그어 만나는 점이 각각 a, b일 때, 순서쌍 (a, b)를 점 P의 좌표라 한다.

보너스개념

- 점 A(2, −3)에서 x좌표는 2, y좌표는 −3이다.
- 원점 O는 영(0)을 나타내는 것이 아니라 Origin의 첫 글자 O를 나타낸 것이다.

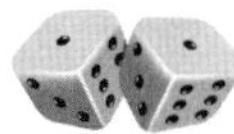

필수예제

오른쪽 좌표평면에 있는 점 중에서 좌표가 $(-3, 2)$인 것은?

① A   ② B   ③ C   ④ D   ⑤ E

확인유제 01

좌표평면에서 점 A(0, 1)을 오른쪽으로 2만큼, 아래쪽으로 3만큼 이동한 점의 좌표는?

① $(2, -2)$ ② $(2, -1)$ ③ $(2, 3)$ ④ $(3, -2)$ ⑤ $(3, -1)$

✏ 포인트 / 점 (x, y)를 오른쪽으로 a만큼, 위로 b만큼 이동한 점의 좌표는 $(x+a, y+b)$이다.

》》》 핵심급소 / 좌표축은 각 사분면의 경계이므로 어느 사분면에도 속하지 않는다.

기본개념

(1) 사분면 : 좌표평면은 좌표축에 의하여 네 부분으로 나누어지고, 이들 각각을 차례로 제1사분면, 제2사분면, 제3사분면, 제4사분면이라 한다.

(2) 각 사분면의 좌표의 부호 : 각 사분면에 있는 점 (x, y)의 x좌표, y좌표의 부호는 다음과 같다.

① 제1사분면 : $x > 0,\ y > 0$

② 제2사분면 : $x < 0,\ y > 0$

③ 제3사분면 : $x < 0,\ y < 0$ ④ 제4사분면 : $x > 0,\ y < 0$

제2사분면 $x<0,\ y>0$	제1사분면 $x>0,\ y>0$
제3사분면 $x<0,\ y<0$	제4사분면 $x>0,\ y<0$

 ### 보너스개념

사분면의 좌표의 부호 : 제 1 사분면 : (+, +), 제 2 사분면 : (−, +), 제 3 사분면 : (−, −), 제 4 사분면 : (+, −)

 ### 필수예제

다음 중 제3사분면 위의 점은?

① (1, 1)　　② (1, −1)　　③ (−1, 1)　　④ (−1, −1)　　⑤ (−1, 0)

✎ 포인트 / 좌표축 위의 점은 어느 사분면에도 속하지 않는다.

 ### 확인유제 01

다음 〈보기〉의 각 점들은 제 몇 사분면 위에 있는지 말하여라.

 **보기**　　A(5, 2),　　B(3, −1),　　C(−1, 4),　　D(−3, −2)

✎ 포인트 / x좌표, y좌표의 부호를 조사하여 몇 사분면에 있는 점인지를 쉽게 알 수 있다.

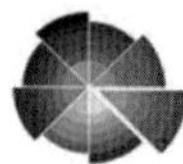 ### 확인유제 02

다음 중 제4사분면에 있는 점은?

① A(1, 7)　　② B(−2, 0)　　③ C$\left(\dfrac{5}{3}, -4\right)$　　④ D(−3, −4)　　⑤ E(0, −1)

✎ 포인트 / 제1사분면 (프, 프), 제2사분면 (마, 프), 제3사분면 (마, 마), 제4사분면 (프, 마)

>>> 핵심급소 / 점의 좌표는 축과 원점에 대한 대칭에 의해 부호가 바뀜을 알아야 한다.

 **기본개념**

점 $P(a, b)$에서
(1) x축에 대하여 대칭인 점 Q의 좌표 : $(a, -b)$
(2) y축에 대하여 대칭인 점 R의 좌표 : $(-a, b)$
(3) 원점에 대하여 대칭인 점 S의 좌표 : $(-a, -b)$

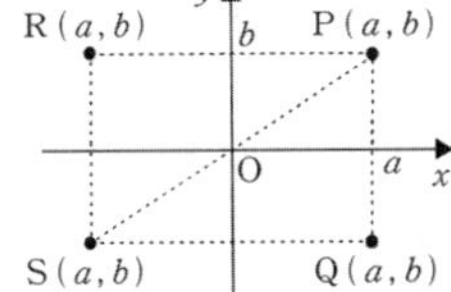

 **보너스개념**

- x축에 대하여 대칭인 점 $\Rightarrow$ y좌표의 부호를 바꾼다.
- y축에 대하여 대칭인 점 $\Rightarrow$ x좌표의 부호를 바꾼다.
- 원점에 대하여 대칭인 점 $\Rightarrow$ x좌표, y좌표의 부호를 모두 바꾼다.

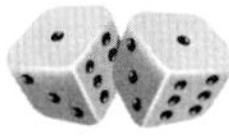 **필수예제**

$A(5, -2)$의 x축에 대하여 대칭인 점을 P, y축에 대칭인 점을 Q, 원점에 대하여 대칭인 점을 R라 할 때, P, Q, R의 좌표를 각각 구하여라.

🖊 포인트 / x축에 대칭은 x는 모셔두고 y대신 $-y$를 대입한다.
　　　　　 y축에 대칭은 y는 모셔두고 x대신 $-x$를 대입한다.

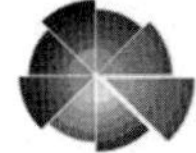 **확인유제 01**

좌표평면 위의 점 $A(2, 1)$에 대하여 다음 각 점의 좌표를 구하여라.
(1) x축에 대하여 대칭인 점 P
(2) y축에 대하여 대칭인 점 Q
(3) 원점에 대하여 대칭인 점 R

개념다지기 문제

01 오른쪽 수직선 위의 두 점 A, B에 대하여 $\overline{AB}$의 중점 M의 좌표를 구하여라.

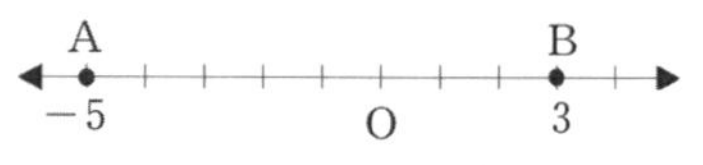

✏️ 포인트 / [수직선 위의 점의 좌표] 두 점 $A(a)$와 $B(b)$에 대해 $\overline{AB}$의 중점의 좌표는 $\dfrac{a+b}{2}$이다.

02 좌표평면 위의 점에 대하여 x축에 대칭인 이동을 A, 오른쪽으로 3, 위로 2만큼 이동하는 것을 B라 하자. 처음 A를 행하고, 나중에 B를 행한 것을 $B \otimes A$로 나타낼 때, 점 $(1, 4)$가 다음의 각 경우에 이동하는 점의 좌표를 구하여라.
(1) $B \otimes A$
(2) $A \otimes B$
(3) $A \otimes (B \otimes A)$

03 다음 중 제3사분면 위에 있는 점의 좌표는?

① $(0, 0)$ ② $(-3, 4)$ ③ $(3, -4)$ ④ $(3, 4)$ ⑤ $(-3, -4)$

✏️ 포인트 / [사분면과 좌표값] 제1사분면(+, +), 제2사분면(−, +), 제3사분면(−, −), 제4사분면(+, −)

04 $a < 0$, $b > 0$일 때, 점 $A(a-b, ab)$는 어느 사분면 위에 있는가?

① 제1사분면 ② 제2사분면 ③ 제3사분면
④ 제4사분면 ⑤ 어느 사분면에도 속하지 않는다.

✏️ 포인트 / [사분면] $a-b$, ab의 부호를 조사한다.

05 다음 중에서 옳지 <u>않은</u> 것은?

① 원점의 좌표는 $(0, 0)$이다.
② 점 $(3, 0)$은 x축 위의 점이다.
③ 점 $(-2, 5)$는 제2사분면에 있는 점이다.
④ 점 $(0, -2)$는 제4사분면에 있는 점이다.
⑤ 점 $(1, 1)$과 점 $(-1, -1)$은 원점에 대하여 대칭인 점이다.

✎ 포인트 / [사분면] y축 위의 점 ⇒ y좌표가 0이다.

06 점 $A(a, b)$를 x축에 대하여 대칭이동한 점 C가 제 4사분면의 점일 때, 점 $B(a+b, ab)$는 제 몇 사분면의 점인지 구하여라.

✎ 포인트 / [사분면의 좌표의 부호] 제1사분면 : $(+, +)$, 제2사분면 : $(-, +)$, 제3사분면 : $(-, -)$, 제4사분면 : $(+, -)$

07 점 $P(a, b)$가 제3사분면의 점일 때, 점 $Q(a+b, ab)$는 제 몇 사분면의 점인가?

① 제1사분면   ② 제2사분면   ③ 제3사분면
④ 제4사분면   ⑤ 어느 사분면에도 속하지 않는다.

✎ 포인트 / [사분면] $a<0$, $b<0$이므로 $a+b<0$, $ab>0$

08 $a>0$, $b<0$일 때, 점 $P(2b-a, a-b)$는 제 몇 사분면의 점인지 구하여라.

09 두 수 x, y에 대하여 $xy > 0$, $x + y < 0$일 때, 점 $\mathrm{P}(-x, y)$는 제 몇 사분면의 점인가?

① 제1사분면 ② 제2사분면 ③ 제3사분면
④ 제4사분면 ⑤ 어느 사분면에도 속하지 않는다.

✏️포인트 / [사분면] $xy > 0$이고 $x + y < 0$이므로 (x, y)의 좌표의 부호는$(-, -)$이다.

10 점 $\mathrm{P}(x, y)$가 제2사분면에 있을 때, 다음 〈보기〉 중 옳은 것을 모두 고른 것은?

> **보기**
> ㄱ. $x + y < 0$ ㄴ. $x \times y < 0$ ㄷ. $x - y < 0$ ㄹ. $x \div y > 0$

① ㄱ, ㄴ ② ㄱ, ㄷ ③ ㄴ, ㄷ ④ ㄱ, ㄹ ⑤ ㄷ, ㄹ

11 좌표평면 위의 점 $\mathrm{P}(a, b-1)$과 y축에 대하여 대칭인 점을 $\mathrm{Q}(a+2, 2b)$라 할 때, $2b - 3a$의 값은?

① -2 ② -1 ③ 0 ④ 1 ⑤ 2

✏️포인트 / [대칭점의 좌표] y축에 대칭인 점은 x좌표의 부호를 바꾼다.

01 함수 $y = ax\,(a \neq 0)$의 그래프

>>> 핵심급소 / 함수 y=ax($a \neq 0$)에서 x의 절댓값이 클수록 직선이 y축에 가깝다.

기본개념

(1) 원점 (0, 0)을 지나는 직선이다.

(2) $a > 0$일 때,

  그래프는 오른쪽 위(↗)로 향하는 직선이다.

(3) $a < 0$일 때,

  그래프는 오른쪽 아래(↘)로 향하는 직선이다.

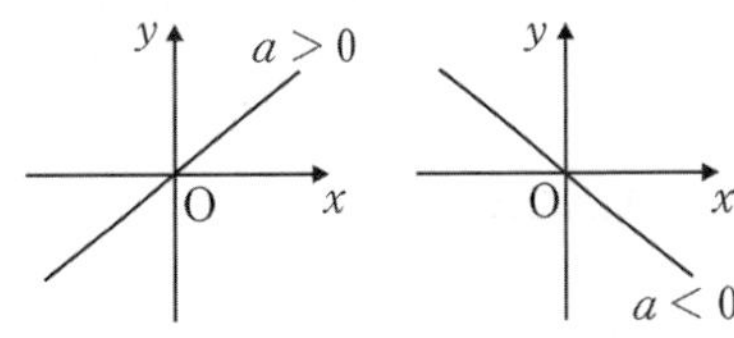

보너스개념

$y = ax\,(a \neq 0)$의 그래프 그리는 방법
(1) x에 1, 2, 3, …등 적당한 수를 대입하여 그래프 위에 있는 한 점을 찾는다.
(2) (1)에서 찾은 점과 원점을 지나는 직선을 긋는다.

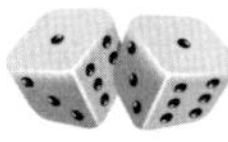
필수예제

오른쪽 그림과 같은 그래프의 관계식은?

① $y = 5x$ ② $y = -2x$ ③ $y = -3x$ ④ $y = -\dfrac{1}{2}x$ ⑤ $y = \dfrac{1}{2}x$

확인유제 01

점 $P(a,\ 3a+1)$이 직선 $y = 2x$의 그래프 위에 있을 때, a의 값을 구하여라.

>>> 핵심급소 / 함수 $y = \dfrac{a}{x}\,(a \neq 0)$의 정의역에는 0이 포함되지 않는다.

 **기본개념**

(1) 원점에 대하여 대칭인 한 쌍의 곡선이다.
(2) $a > 0$일 때,
    제1사분면과 제3사분면에 있다.
(3) $a < 0$일 때,
    제2사분면과 제4사분면에 있다.

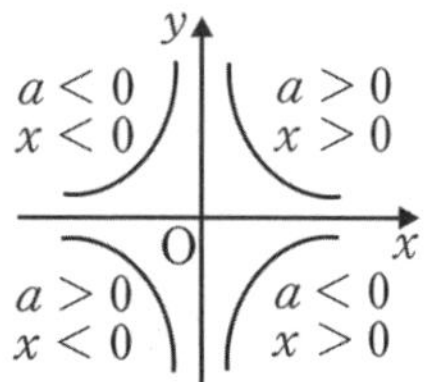

 **보너스개념**

함수 $y = \dfrac{a}{x}\,(a \neq 0)$의 그래프는 좌표축에 점점 가까워지면서 한없이 뻗어 나가는 한 쌍의 매끄러운 곡선이다.

 **필수예제**

정의역이 0을 제외한 수 전체의 집합일 때, 함수 $y = -\dfrac{3}{x}$의 그래프를 그려라.

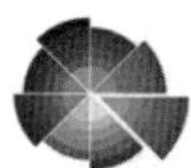 **확인유제 01**

함수 $f(x) = \dfrac{a}{x}$에서 $f(-3) = \dfrac{2}{3}$일 때, $f(-1) + f(2)$의 값을 구하여라.

 **확인유제 02**

함수 $y = \dfrac{2}{x}$의 그래프는 제 몇 사분면을 지나는가?

① 제1, 2사분면 ② 제1, 3사분면 ③ 제1, 4사분면
④ 제2, 3사분면 ⑤ 제2, 4사분면

포인트 / 소인수분해한 결과는 보통 크기가 작은 소인수부터 차례로 쓰고, 같은 소인수의 곱은 거듭제곱으로 나타낸다.

>>>> 핵심급소 / 그래프 모양에 따라 함수의 식을 $y = ax$인지 $y = \dfrac{a}{x}$인지 결정한다.

기본개념

(1) 그래프가 원점을 지나는 함수의 식

  ① 함수의 식을 $y = ax$로 놓는다.

  ② 그래프 위의 한 점 $A(p,\ q)$를 $y = ax$에 대입하여 상수 a의 값을 구한다.

(2) 그래프가 쌍곡선인 함수의 식

  ① 함수의 식을 $y = \dfrac{a}{x}$로 놓는다.

  ② 그래프 위의 한 점 $A(p,\ q)$를 $y = \dfrac{a}{x}$에 대입하여 상수 a의 값을 구한다.

보너스개념

$y = ax$의 그래프가 점 $(2,\ 6)$을 지나면 $y = ax$에 $x = 2$, $y = 6$을 대입하여 $6 = 2a$ $\quad \therefore a = 3$
따라서, 함수의 식은 $y = 3x$이다.

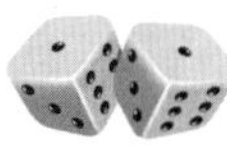

필수예제

함수 $y = ax$의 그래프가 오른쪽과 같을 때, 상수 a의 값은?

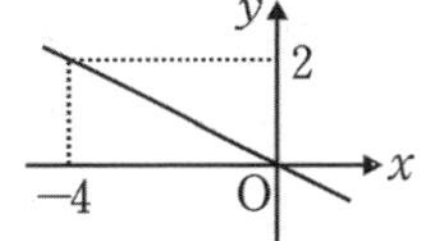

① -2 ② $-\dfrac{1}{2}$ ③ $y = -3x$

④ 2 ⑤ 4

✎ 포인트 / 대입이란 문자를 숫자나 다른 문자로 바꾸는 것이다.

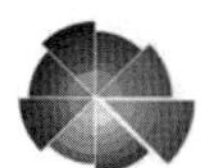

확인유제 01

$y = ax$의 그래프가 두 점 $(-4,\ -2)$, $(6,\ \boxed{})$를 지날 때, $\boxed{}$ 안에 알맞은 수를 구하여라.

✎ 포인트 / 주어진 점을 대입하여 a의 값을 구한다.

>>> 핵심급소 / 활용 문제에서는 계산 결과가 문제의 조건에 적합하지 않은 경우가 있으므로 반드시 확인한다.

기본개념

함수의 활용 문제를 푸는 순서
① 변화하는 두 양을 변수 x, y로 정한다.
② x와 y사이의 관계식을 세운다.
③ 그래프를 그리거나 관계식을 이용하여 변수의 값을 구한다.
④ 구한 값이 문제의 조건에 맞는지 확인한다.

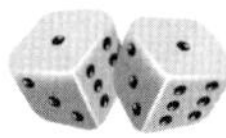

보너스개념

실생활의 문제를 함수로 활용 할 때, 변수 x, y가 일반적으로 양수인 경우가 많다.

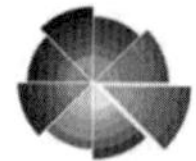

필수예제

영수는 이번 주말에 가족과 함께 승용차를 타고 유적지를 여행하기로 하였다. 영수네 승용차의 연비는 15km이다. 아빠에게 물었더니 연비는 휘발유 1L로 갈 수 있는 거리라고 알려 주셨다. 다음 물음에 답하여라.

(1) 약 300km 떨어진 부산까지 가려면 휘발유가 몇 L 필요한지 구하여라.
(2) 휘발유 xL로 갈 수 있는 거리를 $y$km라 할 때, x, y사이의 관계식을 구하여라.

확인유제 01

오른쪽 그림과 같은 삼각형 ABC 에서 점 P가 점 B를 출발하여 점 C 까지 $x$cm 움직였을 때, 삼각형 ABP의 넓이 를 $y cm^2$이라 할 때, 다음 물음에 답하여라.

(1) x, y 사이의 관계가 함수임을 설명하여라.
(2) x, y 사이의 관계식을 구하여라.
(3) 이 함수의 정의역과 치역을 구하여라.

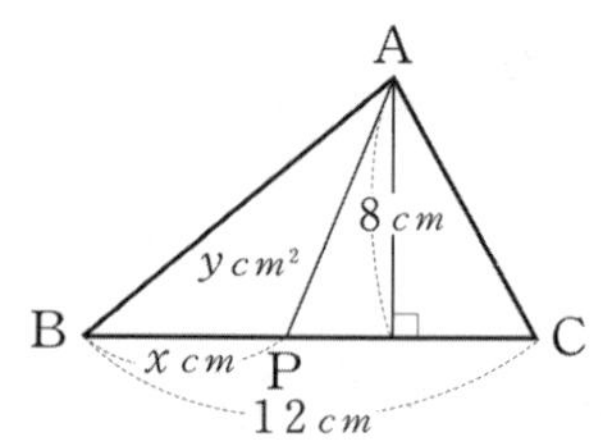

개념다지기 문제

01 함수 $y = ax$의 그래프와 $y = \dfrac{b}{x}$의 그래프는 만나지 않는다. 그런데 $y = ax$의 그래프를 y축에 대칭이동시키면 $y = \dfrac{b}{x}$의 그래프와 점$(1,\ 2)$에서 만난다. 이 때, $2a - b$를 구하여라.

✎포인트 / [함수의 그래프] $y = ax$를 y축으로 대칭이동시키면 $y = -ax$

02 다음 함수 중에서 주어진 조건을 모두 만족하는 함수의 식은?

> ㉠ 원점을 지나는 직선이다.
> ㉡ x의 값이 증가할수록 y의 값은 감소한다.
> ㉢ y축에 가장 가까운 직선이다.

① $y = 100x$ ② $y = \dfrac{100}{x}$ ③ $y = -\dfrac{1}{x}$

④ $y = -x$ ⑤ $y = -100x$

✎포인트 / [직선의 그래프] 절댓값 a가 클수록 y축에 가까워진다.

03 $y = -\dfrac{a}{x}$의 그래프 위에 두 점 $(-3,\ 2)$, $(2,\ b)$가 있을 때, $a - b$의 값은?

① -9 ② -3 ③ 3 ④ 6 ⑤ 9

✎포인트 / [함수의 그래프] $y = -\dfrac{a}{x}$에 $x = -3$, $y = 2$를 대입하여 a의 값을 먼저 구한다.

04 함수 $y = \dfrac{8}{x}$에서 x, y의 값의 범위가 수 전체일 때, 순서쌍 (x, y)의 좌표가 모두 정수인

순서쌍의 개수는?

① 4개   ② 6개   ③ 8개   ④ 12개   ⑤ 15개

05 시계의 초침은 1분(60초) 동안 1회전을 한다. x시간 동안 시계의 초침의 회전 수를 y라

할 때, y를 x에 대한 식으로 나타내어라.

06 A지점에서 B지점으로 사과 120kg을 옮겨 놓으려 한다. 한 사람이 한 번에 나를 수 있는

양은 10kg이고, 가는 시간과 돌아오는 시간은 똑같이 1시간씩 걸린다고 한다. 이 사과를

6명이 나를 때 걸리는 시간을 구하여라.

07 오른쪽 그림은 $y = \dfrac{a}{x}$의 그래프이고 점 P와 점 Q의 y좌표의 차는

2일 때, a의 값은?(단, $x > 0$)

① 4   ② 6   ③ 8

④ 12   ⑤ 18

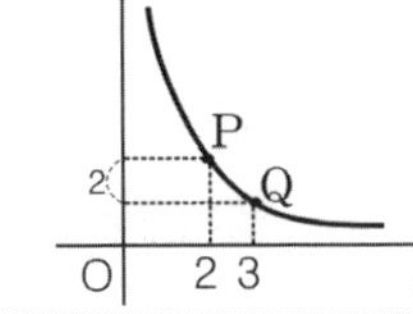

✏ 포인트 / [함수의 식 구하기] 점P의 좌표는 $P\left(2, \dfrac{a}{2}\right)$이고, 점Q의 좌표는 $Q\left(3, \dfrac{a}{3}\right)$이다.

08 오른쪽 그림에서 점 P는 직사각형 ABCD의 둘레를 움직인다. 점 P의 좌표를 (a, b)라 할 때, $a-b$ 의 값이 최소가 될 때의 $2a+b$의 값은?

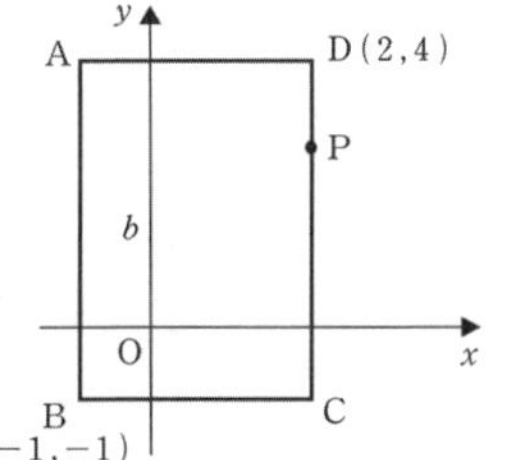

① -2 ② -1 ③ 0
④ 1 ⑤ 2

✎ 포인트 / [함수의 활용] $a-b$가 최소가 되는 점의 좌표를 구한다.

09 민석이네 집에서 거리가 90km인 서울대공원으로 자동차를 타고 온 가족이 나들이를 가기로 하였다. 자동차가 시속 $x$km로 달릴 때, y시간 걸려서 도착한다면 시속 60km로 달릴 때, 서울대공원에 도착하는데 걸리는 시간을 구하여라.

✎ 포인트 / [함수의 활용] 차를 타는 시간이 속력에 반비례함을 이용하여 x와 y사이의 관계식을 구하고 $x=60$일 때의 y의 값을 구한다.

V.
통계

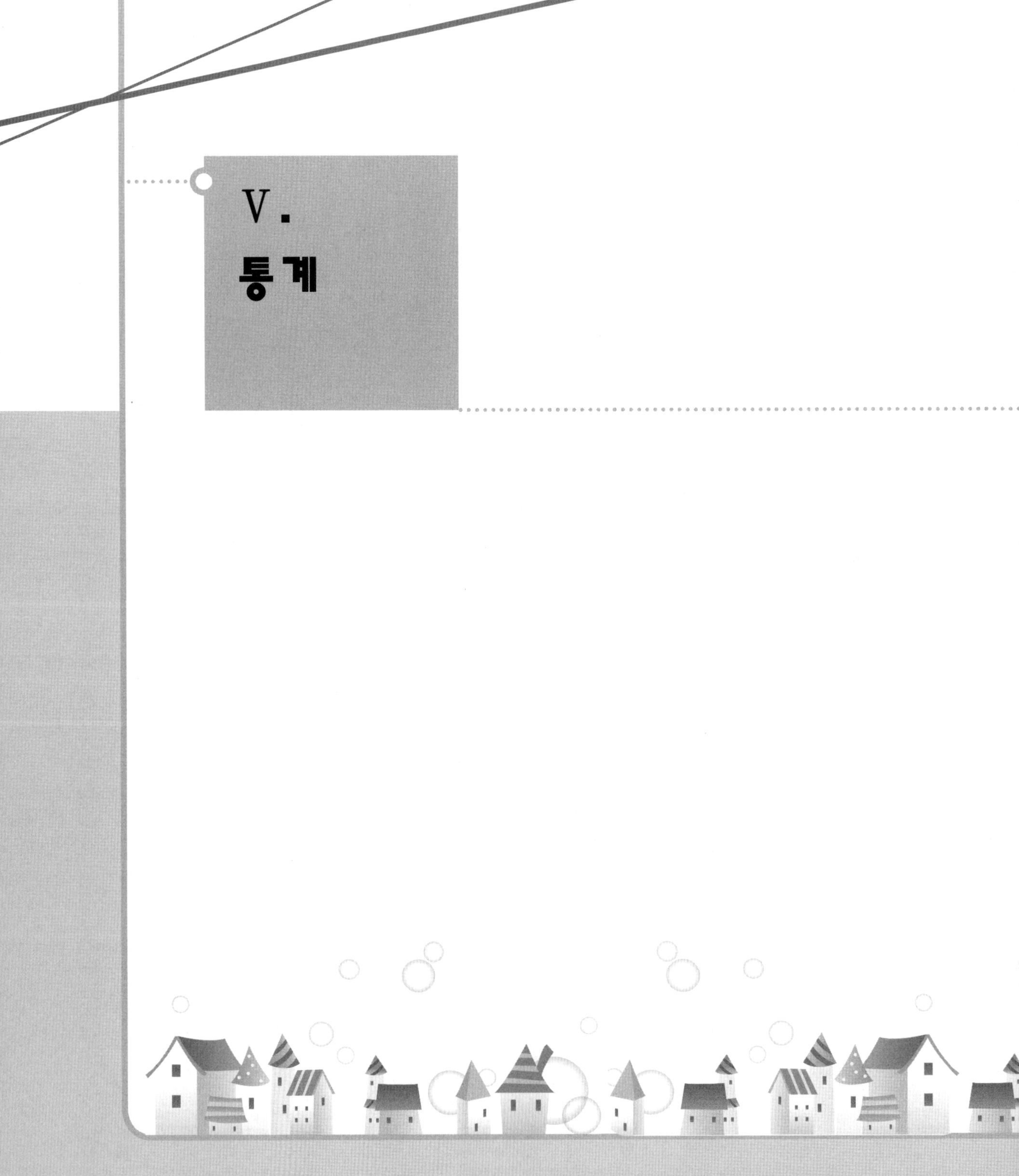

01 줄기와 잎 그림

>>> 핵심급소 / 줄기와 잎 그림은 자료의 분포 상태를 알아보기 쉽고 잎이 많을수록 자료가 많다.

기본개념

(1) 줄기와 잎 : 주어진 각각의 자료에서 왼쪽 부분을 줄기, 나머지
부분을 잎이라고 한다.
　예: 오른쪽 자료 중 15에서 십의 자리의 숫자
　　　1은 줄기이고 일의 자리의 숫자 5는 잎이다.
(2) 줄기와 잎 그림
　줄기와 잎을 이용하여 자료를 나타낸 그림

던지기 기록

15	22	21	17	24
18	23	27	30	28
24	26	36	34	37

(단위:m)

줄기	잎
1	5　7　8
2	1　2　3　4　4　6　7　8
3	0　4　6　7

보너스개념

- 똑같은 자료가 반복되면 줄기에는 중복되는 수를 한 번만 써야 하지만 잎에는 중복되는 수를 모두 써야 한다.
- 잎의 개수와 자료의 개수는 같다.

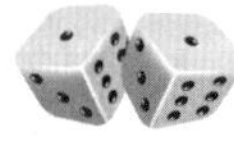
필수예제

오른쪽 자료는 영진이네 반 10명의 줄넘기 횟수를 조사하여 나타낸 것이다.
다음 물음에 답하여라.
(1) 줄기와 잎 그림으로 나타내어라.
(2) 잎이 가장 많은 줄기를 구하여라.
(3) 세 번째로 많이 넘은 학생의 기록을 구하여라.

줄넘기 기록

| 2 | 3 | 7 | 11 | 13 |
| 14 | 15 | 18 | 22 | 22 |

(단위:m)

✎ 포인트 / [줄기와 잎 그림을 그리는 순서]　1. 줄기와 잎을 정한다.
　　　　　　　　　　　　　　　　　　　　2. 세로선을 긋고 세로선의 왼쪽에 줄기의 숫자를 쓴다.
　　　　　　　　　　　　　　　　　　　　3. 세로선의 오른쪽에 잎의 숫자를 크기가 작은 순서대로 가로로 쓴다.

확인유제 01

오른쪽은 어느 중학교 1학년 학생n명의 턱걸이 결과를 조사하여 나
타낸 줄기와 잎 그림이다. 턱걸이를 가장 많이 한 사람의 잎이 C이
고, A는 C의 4배일 때, 다음 물음에 답하여라.
(1) $3n - 2C$의 값을 구하여라.
(2) 턱걸이를 3번째로 잘한 학생의 턱걸이의 개수를 구하여라.

줄기	잎
0	2　5　6　A　9
1	0　1　2　4　7　7　8
3	1　C

>>>> 핵심급소 / 도수분포표는 자료 전체의 분포 상태를 알아보기 쉽고, 계급값은 그 계급을 대표하는 값이다.

기본개념

자료 전체를 몇 개의 계급으로 나누고 각 계급에 속하는 도수를 조사하여 나타낸 표를 도수분포표라 한다.

(1) 변량 : 키, 몸무게, 등과 같은 자료를 수량으로 나타낸 것
(2) 계급 : 변량을 일정한 간격으로 나눈 구간
(3) 계급의 크기 : 구간의 너비(폭)
(4) 계급값 : 계급의 중앙값. 즉 계급 a~b의 계급값은 $\dfrac{a+b}{2}$
(5) 도수 : 각 계급에 속하는 자료의 개수

계 급	도수
이상　　미만	
140 ～ 145	7
145 ～ 150	14
150 ～ 155	6
155 ～ 160	5
160 ～ 165	4
합 계	36

보너스개념

위의 도수분포표에서 계급값은 차례로 142.5, 147.5, 152.5, 157.5, 162.5 이다.

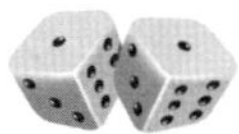

필수예제

오른쪽 표는 어느 반 학생 40명이 하루 평균 텔레비전을 본 시간을 조사하여 만든 도수분포표이다. 다음 물음에 답하여라.

(1) A의 값을 구하여라.
(2) 계급값이 105분인 계급의 도수를 말하여라.
(3) 하루 평균 텔레비전을 본 시간이 60분 미만인 학생 수를 구하여라.

시간(분)	학생수(명)
0이상 ～ 30미만	4
30 ～ 60	8
60 ～ 90	A
90 ～ 120	15
120 ～ 150	3
합 계	40

✏️포인트 / 각 계급에 속하는 자료의 수를 도수라 한다.

확인유제 01

오른쪽 표는 어느 반 학생들의 하루 평균 컴퓨터 사용 시간을 조사하여 만든 도수분포표이다. 다음 물음에 답하여라.

(1) A의 값을 구하여라.
(2) 도수가 가장 큰 계급의 계급값을 구하여라.

시간(분)	학생수(명)
0이상 ～ 20미만	3
20 ～ 40	8
40 ～ 60	A
	14
80 ～ 100	5
합 계	40

✏️포인트 / [계급값] $= \dfrac{(계급의\ 양\ 끝값의\ 합)}{2}$

>>> 핵심급소 / 계급의 크기는 모두 같게 정해야 한다.

기본개념

도수분포표의 작성
(1) 변량의 최댓값과 최솟값을 찾는다.
(2) 계급의 크기를 정한다. 이 때, 계급의 개수는 보통 5~15개 정도로 하고 계급의 크기는 모두 같게 한다.
(3) 각 계급의 도수를 계산한다.

보너스개념

- 계급의 계수가 너무 적거나 너무 많으면 자료의 분포 상태를 잘 알 수 없다.
- 변량의 최댓값과 최솟값을 이용하여 계급의 개수와 크기를 정한다.

필수예제

오른쪽은 어느 중학교 1학년 학생 15명의 던지기 결과의 기록이다. 계급의 크기가 5인 도수분포표를 계급 15~20부터 시작하여 만들어라.

15	22	21	17	24
18	23	27	30	28
29	26	36	34	37

(단위:m)

✏️ 포인트 / 변량 중 가장 작은 값과 큰 값을 찾는다.

확인유제 01

오른쪽은 중학생 16명의 1분당 맥박수를 조사한 자료이다.
다음 물음에 답하여라.
(1) 70부터 시작하여 계급의 크기가 5인 도수분포표를 만들어라.
(2) 계급이 85회 이상 90회 미만인 계급의 도수를 구하여라.

84	72	93	90
80	81	92	86
84	76	77	87
79	86	82	83

✏️ 포인트 / 도수분포표는 주어진 자료를 몇 개의 계급으로 나누고, 각 계급의 도수를 나타낸 표이다.

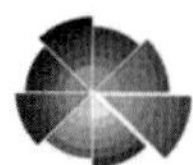

>>>> 핵심급소 / 도수분포표에서의 평균은 계급값을 이용하여 구하므로 실제 평균과 차이가 난다.

기본개념

(1) 평균 : 자료의 값의 총합을 자료의 개수로 나눈 값 $(평균) = \dfrac{(자료의 값의 총합)}{(자료의 개수)}$

(2) 도수분포표에서의 평균 $(평균) = \dfrac{\{(계급값) \times (도수)\}의 총합}{(도수)의 총합}$

보너스개념

도수분포표에서 평균 구하는 순서   ① 각 계급의 계급값을 구한다.
② (계급값) × (도수)를 구한다.
③ {(계급값) × (도수)}의 총합을 도수의 총합으로 나눈다.

필수예제

오른쪽 표는 어느 중학교 남학생 20명의 몸무게를 조사하여 만든 도수분포표이다. 평균을 구하여라.

몸무게(kg)	도수
20^{이상} ~ 30^{미만}	1
30 ~ 40	4
40 ~ 50	9
50 ~ 60	4
60 ~ 70	2
합계	20

✎ 포인트 / (계급값)×(도수)의 총합을 구하여 전체 학생수로 나눈다.

확인유제 01

오른쪽 표는 어느 농장에서 생산된 토마토의 무게를 조사하여 만든 도수분포표이다. 다음 물음에 답하여라.
(1) 100g 이상 120g 미만인 토마토의 수를 구하여라.
(2) 토마토의 무게의 평균을 구하여라.

무게(g)	도수(개)
40^{이상} ~ 60^{미만}	1
60 ~ 80	3
80 ~ 100	8
100 ~ 120	
120 ~ 140	5
140 ~ 160	1
합계	25

✎ 포인트 / 도수분포표에서 평균을 구할 때는 (계급값)×(도수)의 합을 구한 다음 도수의 합으로 나눈다.

개념다지기 문제

01 오른쪽 표를 보고 다음 물음에 답하여라.

(1) 도수가 가장 작은 계급을 말하여라.

(2) 통학 시간이 37분인 학생이 속하는 계급의 계급값을 말하여라.

계급(분)	학생수(명)
5이상 ~ 15미만	2
15 ~ 25	6
25 ~ 35	8
35 ~ 45	9
45 ~ 55	7
55 ~ 65	4
합 계	36

✏ 포인트 / [도수분포표] $(계급값) = \dfrac{(계급의 양끝값의 합)}{2}$

02 어느 도수분포표에서 계급의 크기가 10이고 계급값이 55인 계급에 속하는 변량은 x 라 할 때, x 의 값의 범위를 부등식으로 나타내어라.

✏ 포인트 / [도수분포표] 계급값은 각 계급을 대표하는 값으로서 그 계급의 한가운데 값이다.

03 오른쪽 자료는 희경이네 반 학생 30명이 여름 방학 동안 봉사활동을 한 시간을 조사하여 얻은 것이다. 계급의 크기가 3인 도수분포표를 계급 0~3부터 시작하여 만들어라.

(단위:시간)

3	6	5	7	8	14	3	4	7	6
5	2	3	13	4	6	11	9	8	6
7	5	0	6	8	10	9	8	6	11

✏ 포인트 / [도수분포표의 작성] 변량 중 가장 작은 값과 큰 값을 찾는다.

04 오른쪽은 어느 도로를 지나는 차량들의 속력을 나타낸 표이
다. 이 차량들의 평균 속력은?

① 62 km/h   ② 64 km/h

③ 66 km/h   ④ 68 km/h

⑤ 70 km/h

속력(km/h)	도수
40^{이상} ~ 50^{미만}	7
50 ~ 60	10
60 ~ 70	14
70 ~ 80	11
80 ~ 90	6
90 ~ 100	2
합 계	50

✎ 포인트 / [도수분포표에서의 평균] $= \dfrac{\{(계급값) \times (도수)\}의\ 총합}{(도수의\ 총합)}$

05 오른쪽 도수분포표에서 평균이 5.25점일 때, A, B
의 값을 구하여라.

계급값(점)	3	4	5	6	7	합계
도수(명)	2	A	8	5	3	B

✎ 포인트 / 도수분포표에서의 평균

06 오른쪽 그림은 재민이네 반 학생들의 공 던지기 기록에 대한 도수분포다각형이다.
다음 물음에 답하여라.
(1) 학생들이 던진 기록의 총합을 구하여라.
(2) 전체 학생에 대한 공 던지기 기록의 평균을 구하여라.

✎ 포인트 / 도수분포표에서의 평균

01 히스토그램

>>>> 핵심급소 / 히스토그램은 도수분포표보다 전체적인 분포 상태를 한 눈에 알아보기 쉬운 장점이 있다.

기본개념

(1) 히스토그램 : 도수분포표에서 각 계급의 크기를 가로로, 도수를 세로로 하여 직사각형을 그려 놓은 그래프

(2) 히스토그램을 그리는 방법

　① 각 계급을 차례로 가로축에 나타낸다.

　② 각 계급의 도수를 세로축에 나타낸다.

　③ 계급의 크기를 가로, 도수를 세로로 하는 직사각형을 차례로 그린다.

(3) 히스토그램의 성질 : 히스토그램의 직사각형의 넓이는 각 계급의 도수에 정비례한다.

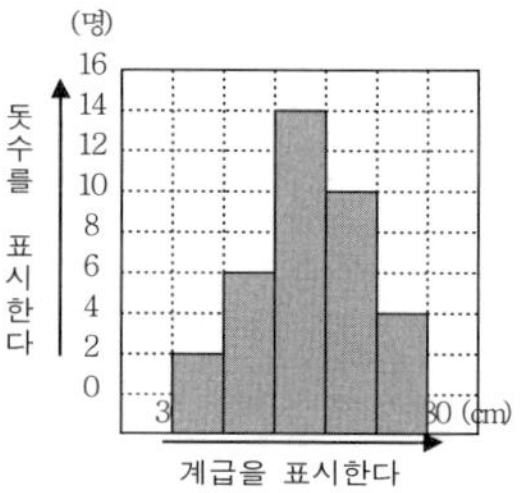

보너스개념

히스토그램의 직사각형의 개수는 계급의 개수와 같으며, 직사각형들은 반드시 연결되도록 그려야 한다.

필수예제

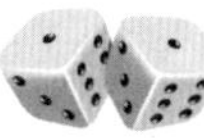

오른쪽 히스토그램은 어느 반 학생들의 수학 성적을 나타낸 것이다. 다음 물음에 답하여라.

(1) 전체 학생 수를 구하여라.

(2) 70점 이상인 학생 수를 구하여라.

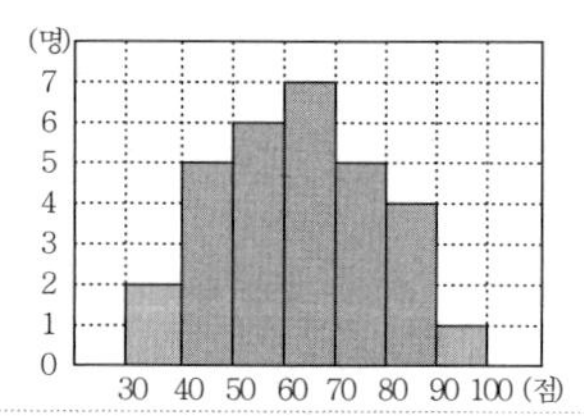

✏️ 포인트 / 히스토그램에서 직사각형의 세로의 길이는 도수를 나타낸다.

확인유제 01

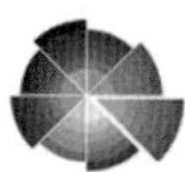

오른쪽 그림은 어느 학교 1학년 학생들의 100m 달리기 기록을 조사하여 만든 히스토그램이다. 다음 물음에 답하여라.

(1) 도수가 9인 계급의 계급값을 구하여라.

(2) 달리기 기록이 18초 이상 19초 미만인 학생의 전체에 대한 비율을 구하여라.

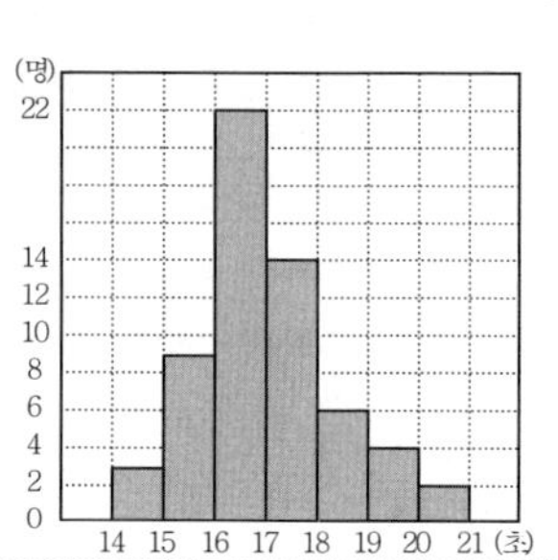

✏️ 포인트 / 계급값은 계급을 대표하는 값으로 계급의 중앙값이다.

>>> 핵심급소 / 히스토그램에서 각 직사각형의 윗변의 중점은 그 계급의 계급값을 의미하고
그 점을 연결하면 도수분포다각형을 그릴 수 있다.

기본개념

(1) 도수분포다각형 : 히스토그램에서 각 직사각형의 윗변의
중점을 차례로 성분으로 연결하여 만든 다각형 모양의
그래프

(2) 도수분포다각형을 그리는 방법 : 히스토그램에서 각 직
사각형의 윗변의 중점을 잡고, 중점을 차례로 선분으로
연결한다.

(3) 도수분포다각형의 성질 : 히스토그램에서 직사각형의 넓
이의 합과 도수분포다각형의 넓이는 같다.

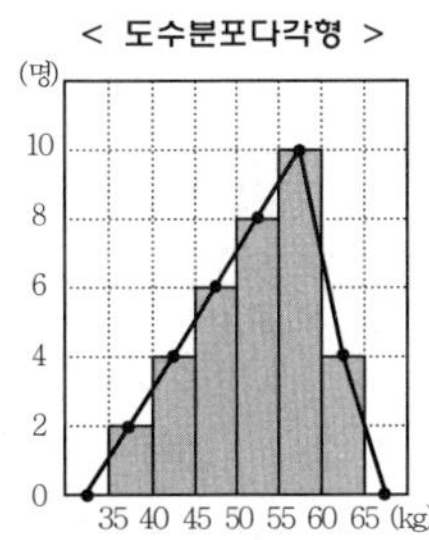

보너스개념

㉠과 ㉡은 밑변의 길이와 높이가 각각 같으므로 넓이가 같다.

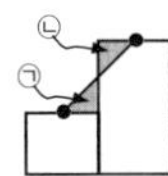

필수예제

오른쪽 그래프는 어느 중학교 학생 50명의 수학 성적에 대한 도수분포
다각형이다. 다음 물음에 답하여라.
(1) 점수가 70점인 학생이 속하는 계급의 도수를 구하여라.
(2) 점수가 높은 쪽에서 23번째인 학생이 속하는 계급을 구하여라.
(3) 성적이 70점 이상인 학생은 전체의 몇 %인지 구하여라.

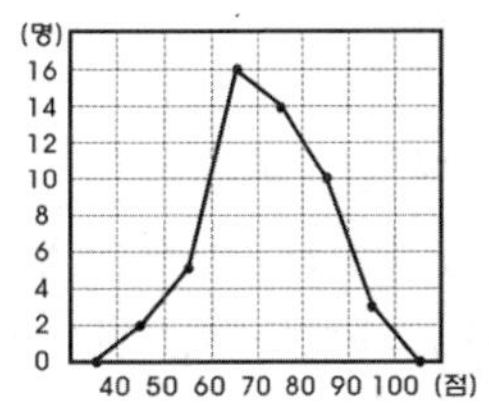

 포인트 / 비율(%) = $\dfrac{(구하는\,계급의\,도수)}{(전체\,도수)} \times 100$

확인유제 01

오른쪽 도수분포다각형은 어느 학급 학생들의 일주일 동안의 운동시간을
조사하여 만든 것이다. 다음 물음에 답하여라.
(1) 도수가 가장 큰 계급을 구하여라.
(2) 평균 운동 시간을 구하여라.

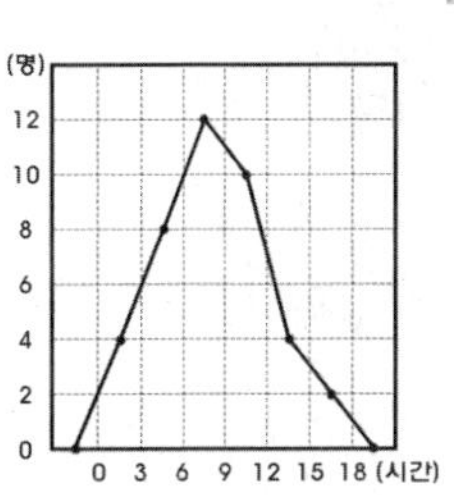

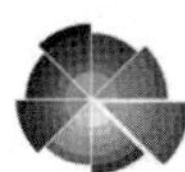 포인트 / 평균 = $\dfrac{\{(계급값) \times (도수)\}의\,총합}{(도수의\,총합)}$

>>> 핵심급소 / (어떤 계급의 도수)=(도수의 총합)×(그 계급의 상대도수)이고 0≤(상대도수)≤1 이다.

 **기본개념**

(1) 상대도수 : 각 계급의 도수를 도수의 합으로 나눈 값

$$(상대도수) = \frac{(각계급의도수)}{(도수의총합)}$$

(2) 상대도수의 성질

① 상대도수의 합은 항상 1이다.

② 각 계급의 상대도수는 그 계급의 도수에 비례한다.

(어떤 계급의 도수)=(도수의 총합)×(그 계급의 상대도수)

(3) 상대도수의 분포표 : 각 계급의 상대도수를 나타낸 표

독서량(권)	도수(명)	상대도수
0 ~ 2	2	$\frac{2}{20}=0.1$
2 ~ 4	4	$\frac{4}{20}=0.2$
4 ~ 6	14	$\frac{14}{20}=0.7$
합 계	20	1

 **보너스개념**

• 두 자료의 도수의 합이 다른 경우에는 도수를 비교하는 것보다 상대도수를 비교하는 것이 좋다.

• 상대도수는 전체 도수의 합에 대한 그 계급의 도수의 비율을 나타내며 2학년에서 배울 확률의 기초가 된다.

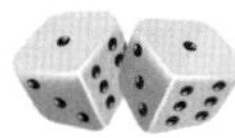 **필수예제**

오른쪽은 어느 반 학생의 과학 성적에 대한 표이다. 다음 물음에 답하여라.

(1) 학급의 전체 학생 수를 구하여라.

(2) A, B, C의 값을 각각 구하여라.

시간(분)	도수(명)	상대도수
$40^{이상}$ ~ $50^{미만}$	2	0.05
50 ~ 60	A	0.1
60 ~ 70	8	B
70 ~ 80	12	0.3
80 ~ 90	10	C
90 ~ 100	4	0.1

✏ 포인트 / $(도수의 합)=\dfrac{(계급의도수)}{(상대도수)}$

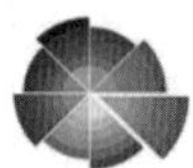 **확인유제 01**

오른쪽 상대도수의 분포표에서 70점 미만인 학생이 전체의 29%이고 90점 이상인 학생이 7명일 때, 전체 도수와 A, B의 값을 각각 구하여라.

점수(점)	상대도수
50~ 60	0.16
60~70	A
70~80	0.25
80~90	B
90~100	0.14
합 계	1

04 상대도수의 그래프

 **기본개념**

(1) 상대도수의 분포다각형 : 상대도수의 분포표를 도수분포
   다각형 모양으로 나타낸 그래프
(2) 상대도수의 분포다각형 모양의 그래프 그리는 방법
   ① 히스토그램을 그린다.
   ② 각 계급의 계급값을 차례로 선분으로 연결한다.
   ③ 양 끝에 상대도수가 0인 계급을 하나씩 추가한다.

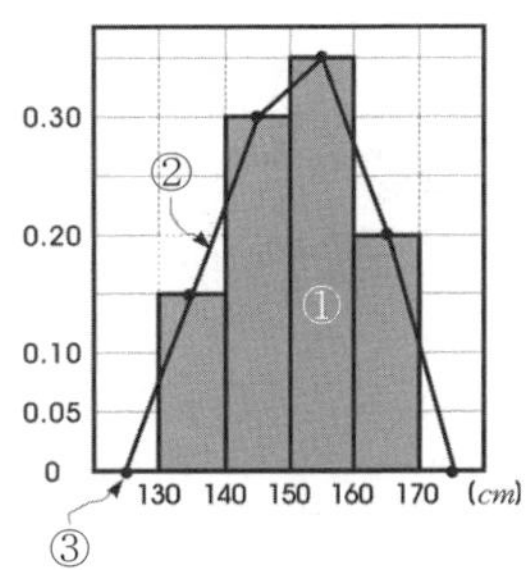

보너스개념

상대도수 분포다각형의 넓이는 계급의 크기와 같다

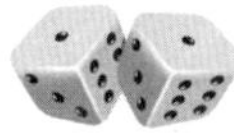 **필수예제**

오른쪽 그림은 어느 반 학생 40명의 국어성적에 대한 상대도수의 분포를
나타내는 그래프이다. 다음 물음에 답하여라.
(1) 상대도수가 가장 큰 계급의 도수를 구하여라.
(2) 성적이 80점 이상 90점 미만인 학생은 전체의 몇 %인지 구하여라.

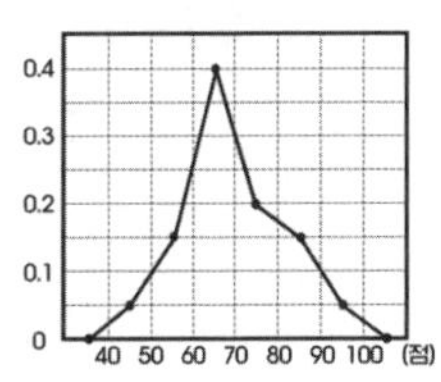

✐포인트 / 어떤 계급의 도수 = (그 계급의 상대도수) × (전체도수)

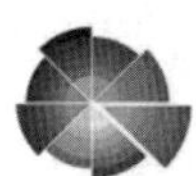 **확인유제 01**

오른쪽 그림은 어느 학교 학생 60명의 키에 대한 상대도수의 분포를 나타
내는 그래프이다. 다음 물음에 답하여라.
(1) 계급값이 147.5cm인 계급의 도수를 구하여라.
(2) 키가 160cm 이상인 학생 수를 구하여라.

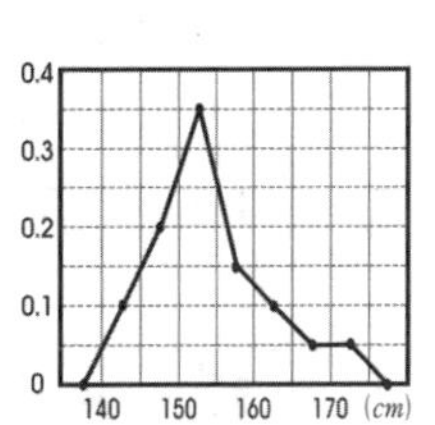

✐포인트 / 어떤 계급의 도수 = (그 계급의 상대도수) × (전체도수)

개념다지기 문제

01 다음은 히스토그램에 대한 설명이다. 옳지 않은 것은?

① 가로축은 계급, 세로축은 도수를 나타낸다.
② 각 직사각형의 윗변의 중점은 그 계급의 계급값을 나타낸다.
③ 각 직사각형의 넓이의 합은 도수분포다각형의 넓이와 같다.
④ 각 직사각형의 넓이는 도수에 비례한다.
⑤ 주어진 자료를 몇 개의 계급으로 나누고 각 계급에 속하는 도수를 나타낸 표를 말한다.

포인트 / [히스토그램] 계급값은 계급을 대표하는 값으로 계급의 중앙값이다.

02 오른쪽 히스토그램은 학생들의 영어듣기평가 성적을 조사하여 나타낸 것이다. 다음 물음에 답하여라.

(1) 계급의 크기를 구하여라.
(2) 도수가 가장 큰 계급의 계급값을 구하여라.
(3) 점수가 12점 이상인 학생은 전체의 몇 % 인지 구하여라.

포인트 / [도수분포다각형] 8초 이상 9초미만의 기록을 가진 학생 수는 계급 8~8.5의 도수와 계급 8.5~9의 도수의 합이다.

03 오른쪽 그림은 어느 학급 학생들의 50m달리기에 대한 기록을 도수분포다각형으로 나타낸 것이다. 다음 물음에 답하여라.

(1) 계급의 크기를 구하여라.
(2) 8초 이상 9초미만의 기록을 가진 학생수를 구하여라.
(3) 히스토그램을 그려라.

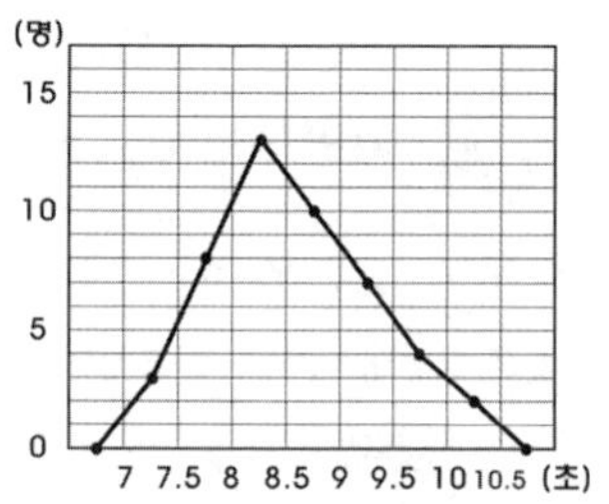

포인트 / [도수분포다각형] 총 학생수는 4+6+12+10+8=40

04 다음 물음에 답하여라.

(1) 어느 반 학생 30명 중 수학 성적이 90점 이상인 학생이 6명일 때, 수학성적이 90점 이상인 학생의 상대도수를 구하여라.

(2) 도수의 합이 50인 도수분포표에서 상대도수가 0.3인 계급의 도수를 구하여라.

05 A, B 두 공장에서 하루에 만들어 내는 모자의 생산량은 각각 300개, 200개이다. A공장과 B공장에서 각각 생산되는 모자 중 둘레의 길이가 52cm 이상 54cm 미만인 모자 수의 비가 4:3일 때, 이 계급의 상대도수의 비를 구하여라.

06 오른쪽 표는 어느 중학교 1학년 학생 40명의 1년 동안의 독서량에 대한 도수분포표이다. 다음 물음에 답하여라.

(1) 각 계급의 상대도수를 구하고, 상대도수의 분포표를 만들어라.

(2) 상대도수의 분포표를 도수분포다각형 모양의 그래프로 나타내어라.

독서량(권)	학생수(명)
0이상 ~ 5미만	2
5 ~ 10	4
10 ~ 15	14
15 ~ 20	10
20 ~ 25	6
25 ~ 30	4
합 계	40

07 오른쪽 그림은 어느 반 학생 40명의 몸무게에 대한 상대도수의 분포를 나타내는 그래프이다. 다음 물음에 답하여라.

(1) 몸무게가 60kg 이상인 학생은 전체의 몇 %인지 구하여라.

(2) 몸무게가 45kg 이상 50kg 미만인 학생수를 구하여라.

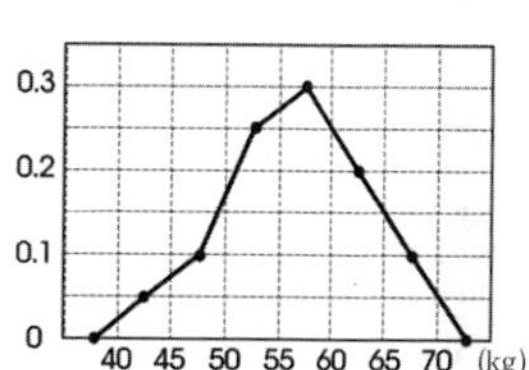

단원별
평가고사

01 60의 소인수를 바르게 구한 것은?

① 2, 5   ② 4, 3, 5   ③ 2, 3, 5

④ 2^2, 3^2, 5   ⑤ 2^3, 3^2, 5

02 두 수 $2^a \times 3 \times b$와 $2^2 \times 3^c$의 최대공약수는 $2^2 \times 3$, 최소공배수는 $2^3 \times 3 \times 5$일 때, $a+b+c$의 값은?

① 5   ② 6   ③ 7

④ 8   ⑤ 9

03 세 수 72, 84, A의 최대공약수가 6일 때, A값이 될 수 있는 것을 작은 수부터 3개 구하여 모두 더하면?

① 36   ② 54   ③ 66

④ 72   ⑤ 90

04 어떤 호수를 한 바퀴 도는데 지용이는 35분, 승현이는 45분이 걸린다고 한다. 둘이 같은 지점에서 동시에 출발하여 같은 방향으로 호수를 돌 때, 각각 몇 바퀴를 돈 후에 처음 출발한 곳에서 다시 만나는가?

① 지용 : 5바퀴, 승현 : 7바퀴

② 지용 : 7바퀴, 승현 : 9바퀴

③ 지용 : 7바퀴, 승현 : 5바퀴

④ 지용 : 9바퀴, 승현 : 7바퀴

⑤ 지용 : 9바퀴, 승현 : 5바퀴

05 다음 중 계산 결과가 가장 큰 것은?

① $(+2)-(+3)$ ② $(-8)+(-5)$

③ $(-11)-(-15)$ ④ $(+3)+(-1)$

⑤ $(-5)+(+7)$

06 $[\{-3+5\times(-7)\}+2]\div\{3\times(-5)-(-3)^3\}$ 를 계산하면?

① -5 ② -3 ③ 0

④ 2   ⑤ 4

07 두 정수 a, b에 대하여 $a \times b < 0$, $a-b < 0$, $|a| > |b|$일 때, 다음 〈보기〉중 양의 정수를 모두 고른 것은?

 〈보기〉

㉮ $a+b$ ㉯ $-a-b$ ㉰ $-(-a)$

㉱ $-a^3$ ㉲ $(-b)^2$ ㉳ $\{-(-a)^3\}$

① ㉮, ㉰   ② ㉱, ㉲

③ ㉮, ㉰, ㉳   ④ ㉯, ㉱, ㉲

⑤ ㉯, ㉱, ㉲, ㉳

08 40의 약수를 소인수분해를 이용하여 구하
려고 한다. 다음 물음에 답하시오.

(1) 40을 소인수분해 하시오.

(2) (1)을 이용하여 40의 모든 약수를 구하
시오.

09 계단 앞에 50명의 학생들이 모여 1번부터
50번까지의 번호표를 들고 다음과 같은 순
서로 활동을 하였다.

① 모든 학생들이 번호 순서대로 일렬로
선다.
② 2의 배수의 번호표를 가진 학생들은 모
두 한 계단 올라간다.
③ 3의 배수의 번호표를 가진 학생들은 모
두 한 계단 올라간다.
  ⋯ ⋯ ⋯
④ 이와 같은 방법으로 50의 배수까지 같
은 활동을 반복한다.

학생들이 처음 서 있던 계단을 첫 번째 계
단이라고 할 때, 이와 같은 활동이 끝난 뒤
8번째 계단에 서 있는 학생들은 몇 번 번호
표를 들고 있는 학생들인지 모두 구하시오.

10 두 정수 a, b에 대하여 덧셈을 교환법칙
$a+b=b+a$가 성립한다. 정수 $+2$와 -3을
이용하여 뺄셈의 교환법칙이 성립하는지
구체적으로 설명하시오.

11 다음 조건을 만족하는 서로 다른 유리수
A, B, C, D를 모두 구하시오.

(가) $|A|+|C|=9$이며 A, C의 절댓값의 비
는 1:2이다.
(나) B는 두 점 A, C에서 같은 거리에 있
는 점이며 D의 절댓값은 B의 절댓값
의 2배이다.
(다) $A \times D < 0$ 이며 $B \times C \times D < 0$이다.

12 보기의 수 들에 대하여 다음 물음에 답하
시오.

(1) 보기의 수 들을 다음에 맞게 쓰시오
① 자연수:
② 정수:
③ 유리수:

(2) 보기의 수들을 작은 수부터 차례로 쓰
시오.

13 수학 캠프에 참가한 학생들을 몇 개의 조
로 나누려고 한다. 각 조에 4명, 5명, 6명
중에서 어느 인원으로 배정하여도 항상 2
명이 남게 된다. 학생 수가 250명 이상
350명 미만일 때, 이 캠프에 참가한 학생
수는 몇 명인지 구하시오.

14 다음 식을 계산하시오.

$$(-4) \times \left(-\frac{1}{2}\right)^2 - \left(-\frac{1}{2}\right) \div \left(+\frac{3}{2}\right)$$

15 채소 가게 주인 부부의 대화를 읽고, 저녁 8시에 판매하는 배추 가격을 구하시오.

16 〈보기〉의 조건을 만족시키는 x에 관한 두 일차식 A, B에 대하여 $A+B$를 간단히 하시오.

보기
- 식 A의 x의 계수는 4이고, 상수항은 -2이다.
- 식 B에서 식 A를 뺐더니 $-3x+2$가 되었다.

01 $(2^2 \times 3 \times 5) \times a = b^2$일 때, a와 b의 값을 알맞게 짝지은 것은?(단, a, b는 두 자리 자연수)

① $a = 10$, $b = 60$
② $a = 10$, $b = 30$
③ $a = 15$, $b = 15$
④ $a = 15$, $b = 30$
⑤ $a = 15$, $b = 60$

02 공책과 연필이 각각 80권, 50개 있다. 몇 명의 학생들이 똑같이 나누어 가지려고 했더니 공책은 4권이 부족하고 연필은 2개가 남았다. 이 때, 가능한 학생 수의 최댓값을 구하면?

① 6명
② 10명
③ 12명
④ 20명
⑤ 24명

03 자연수 N을 소인수분해 했을 때, 소인수 3의 지수를 $\|N\|$ 으로 나타내기로 하자. 예를 들어 $N = 18$이면 $18 = 2 \times 3^2$이므로 $\|N\| = 2$이다. 200이하의 자연수 중 $\|N\| = 3$을 만족하는 수는 몇 개인가?

① 4개
② 5개
③ 6개
④ 7개
⑤ 8개

04 한 변의 길이가 1인 정사각형 모양의 타일을 빈틈없이 붙여서 가로 46, 세로 38인 직사각형 $ABCD$를 만들었다. 이 때, 대각선 BD가 지나가는 타일의 개수를 구하면?

① 82
② 83
③ 84
④ 85
⑤ 86

05 4개의 정수 -6, -4, -2, 1 중에서 세 개의 수를 뽑아 곱한 수 중 가장 큰 수를 a, 가장 작은 수를 b라 할 때, $b \div a$의 값을 구하면?

① -2
② -1
③ 0
④ 1
⑤ 2

06 정수 a, b의 범위가

$-3 \le a < 3$, $-5 < b \le 1$일 때, $|a+b|$의 최댓값을 M, 최솟값을 m이라 할 때, $M-m$의 값을 구하면?

① -3
② -1
③ 0
④ 4
⑤ 7

07 다음 중 계산 결과가 나머지 넷과 다른 것은?

① $(-1)^2 \times |-4| \div 4$

② $-2 \div \{(-2)^3 - (-6)\}$

③ $\{5 - (-1)\} - 5$

④ $|-3| \times |-5| \div 5 - 2$

⑤ $\{(8-3) \times 2\} - (-2)^2$

08 n이 1보다 큰 홀수일 때, 다음을 계산하면?

$$(-1)^{n-2} - (-1)^{n-1} - (-1)^n - (-1)^{n+1} - (-1)^{n+2}$$

① -1 ② 0 ③ 1

④ 2 ⑤ 3

09 절댓값이 6인 두 수를 나타내는 두 점 사이의 거리를 4등분하는 점이 있다. 이 점들 중 가장 작은 수에 대응하는 점과 가장 큰 수에 대응하는 점 사이의 거리는?

① 3 ② 6 ③ 8

④ 9 ⑤ 12

10 다음 조건을 모두 만족하는 서로 다른 세 정수 a, b, c의 대소 관계를 부등호를 사용하여 바르게 나타낸 것은?

> - a, b는 5보다 작다.
> - $a-3$은 양의 정수이다.
> - b의 절댓값은 6보다 크다.
> - 수직선에서 c를 나타내는 점은 a를 나타내는 점보다 0에 더 가깝다.

① $a < b < c$ ② $b < c < a$

③ $c < a < b$ ④ $b < a < c$

⑤ $a < c < b$

11 10800과 504의 최대공약수를 G라고 하자. G의 값을 소인수분해를 이용하여 구하고 G의 약수를 표를 사용하여 나타내어라.(반드시 소인수분해를 이용하여 구할 것)

12 200보다 작은 두 자연수 A, B의 최소공배수가 630, 최대공약수가 18일 때, $A-B$의 값을 구하여라.(단, $A > B$)

13 0이 아닌 두 정수 a, b에 대하여 $|a| + |b| = 6$, $a > b$일 때, a와 b가 될 수 있는 가짓수를 구하여라.

제 3 회 - Ⅰ, Ⅱ 단원평가

01 다음 중 108에 대한 설명으로 옳은 것을 세 가지 고르면?

① 소인수분해하면 $2^3 \times 3^2$ 이다.

② 소인수는 2, 3 이다.

③ 2를 곱하면 어떤 자연수의 제곱이 된다.

④ $2^2 \times 3^2$는 108의 약수이다.

⑤ 96의 약수의 개수와 108의 약수의 개수는 같다.

02 a는 -3보다 $\dfrac{1}{5}$만큼 작은 수이고, b는 5보다 $-\dfrac{2}{3}$만큼 작은 수일 때, $a+b$을 구하면?

① $-\dfrac{37}{15}$ ② $-\dfrac{17}{15}$ ③ $\dfrac{17}{27}$

④ $\dfrac{20}{27}$ ⑤ $\dfrac{37}{15}$

03 다음 4개의 숫자 중에서 서로 다른 3개를 뽑아 곱한 값 중에 가장 큰 값을 a, 가장 작은 값을 b라고 할 때, $\dfrac{b}{a}$의 값은?

5,	-3,	7,	-1

① -7 ② -5 ③ 3

④ 5 ⑤ 7

04 $A = 4 \times \left[\left\{ \left(-\dfrac{1}{2} \right)^3 \div \left(\dfrac{4}{5} - 1 \right) + 1 \right\} - 3 \right] - \dfrac{1}{2}$,

$A \times B = 1$일 때, B의 값은?

① -6 ② -3 ③ -1

④ $-\dfrac{1}{3}$ ⑤ $-\dfrac{1}{6}$

05 다음 〈보기〉중 옳은 것을 모두 고른 것은?

보기

ㄱ. 양의 정수가 아닌 정수는 모두 음의 정수이다.

ㄴ. 모든 정수는 유리수이다.

ㄷ. 부호가 다른 두 유리수의 곱은 두 유리수의 절댓값의 곱에 음의 부호를 붙인다.

ㄹ. 수직선의 한 점에서 오른쪽으로 1만큼 이동하면 절댓값이 커진다.

ㅁ. 음의 정수는 절댓값이 클수록 작다.

① ㄱ, ㄴ, ㄷ ② ㄱ, ㄴ, ㄹ

③ ㄴ, ㄷ, ㄹ ④ ㄴ, ㄷ, ㅁ

⑤ ㄷ, ㄹ, ㅁ

06 다음 그림의 전개도를 접어 정육면체를 만들 때, 서로 마주 보는 면의 수의 합이 -4가 된다 이 때, $a \times b \times c$의 값은?

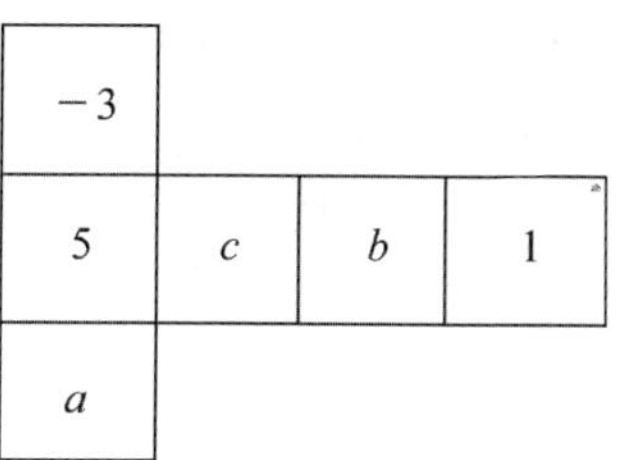

① -45 ② -30 ③ 0

④ 30 ⑤ 45

07 $a<-1$이고, b는 a의 역수와 절댓값이 같고 부호가 다른 수일 때, 다음 중 가장 작은 수는?

① $-a$ ② a의 절댓값

③ a ④ $-b$

⑤ b^2

08 두 수 a, b에 대하여

$$a=\left\{\left(-\frac{4}{3}\right)^2+1\right\}\div\left(-\frac{5}{6}\right),$$

$$b=-\frac{1}{10}-\left\{-1+\frac{5}{4}\times\left(\frac{3}{5}\right)^2\right\}$$일 때, $a<x<b$

를 만족하는 정수 x는 모두 몇 개인가?

① 1개   ② 2개

③ 3개   ④ 4개

⑤ 5개

09 채연이는 친구들에게 빠짐없이 똑같이 연필과 노트를 나누어 주었다. 이 때, 88개의 연필을 나누어 주었더니 4개가 남고, 63개의 노트를 나누어주었더니 3개가 남았다. 채연이가 연필과 노트를 나누어 준 친구 수가 될 수 있는 수를 모두 구하여라.

10 절댓값이 8이하인 세 정수 a, b, c에 대하여 다음 조건을 만족하는 순서쌍 (a, b, c)을 모두 구하여라.

(가) $a\times b<0$
(나) $a-b>0$
(다) $b\times c=-5$
(라) $|a|<|c|$

11 두 수 a, b에 대하여

$$a\bigcirc b=(a+b)\times a,\quad a\bigstar b=(a-b)\div b$$

로 정의할 때, 다음을 구하여라.

(1) $\frac{1}{2}\bigcirc\left(-\frac{1}{4}\right)$의 값을 구하여라.

(2) $5\bigstar\{2\bigcirc(-4)\}$의 값을 구하여라.

12 다음 A, B, C의 값을 각각 구하고, 대소관계를 부등호를 사용하여 나타내어라.

$A=(-2)^4-4\times(-6)$
$B=\left(-\frac{8}{15}\right)+\left(-\frac{1}{3}\right)^2\times\frac{9}{5}$
$C=\left(-\frac{1}{2}\right)^3-\left(-\frac{1}{3}\right)^2+\frac{1}{4}$

제 4 회 - Ⅰ, Ⅱ 단원평가

01 다음 중 옳지 않은 것은?

① 두 자연수가 서로소이면 공약수는 없다.
② 1은 소수도 합성수도 아니다.
③ 소수 중 짝수인 수는 2뿐이다.
④ 모든 소수는 약수가 2개뿐이다.
⑤ 두 자연수 a, b에서 a가 b의 배수이면 두 수의 최대공약수는 b이다.

02 세 자연수 28, 42, x의 최대공약수는 7이고, 최소공배수는 420이다. 이 때, x를 모두 구하여 더하면 얼마인가?

① 140　　② 150　　③ 200
④ 221　　⑤ 280

03 65와 53의 어느 것을 나누어도 5가 남는 자연수를 구하여 모두 더하면 얼마인가?

① 28　　② 22　　③ 20
④ 18　　⑤ 13

04 어떤 상점의 네온사인 A는 10동안 켜져 있다가 2초 동안 꺼지고, B는 12초 동안 켜져 있다가 3초 동안 꺼지며, C는 14초 동안 켜져 있다가 4초 동안 꺼진다. 이 세 네온사인을 동시에 켰을 때, 다음에 켜지는 데는 몇 초가 걸리겠는가?

① 90초　　② 180초　　③ 210초
④ 360초　　⑤ 420초

05 다음 중 옳은 것을 모두 고른 것은?

> ㄱ. 모든 정수의 절댓값은 2개다.
> ㄴ. a가 음수이면 a의 절댓값은 a이다.
> ㄷ. -3과 3의 절댓값은 같다.
> ㄹ. 정수 중 절댓값이 가장 작은 수는 0이다.

① ㄱ, ㄴ　　② ㄴ, ㄷ　　③ ㄷ, ㄹ
④ ㄱ, ㄴ, ㄷ　⑤ ㄱ, ㄷ, ㄹ

06 $0 < a < 1$일 때, 다음 중 가장 작은 수는?

① $-a$　　② $-a^2$　　③ $-a^3$
④ $-\dfrac{1}{a}$　　⑤ $-\dfrac{1}{a^2}$

07 4개의 유리수 $-\dfrac{7}{3}$, $-\dfrac{3}{2}$, 0.5, -3 중에서 세 수를 뽑아 곱한 수 중 가장 큰 수를 a, 가장 작은 수를 b라고 할 때, $a-b$의 값을 구하면?

① -3 ② $-\dfrac{7}{2}$ ③ 0

④ 8 ⑤ 14

08 $\dfrac{11}{12}$과 $\dfrac{13}{14}$ 사이에 있는 수 중 분자가 143인 분수는 얼마인가?

① $\dfrac{143}{154}$ ② $\dfrac{143}{155}$ ③ $\dfrac{143}{156}$

④ $\dfrac{143}{157}$ ⑤ $\dfrac{143}{158}$

09 비가 $14:8:5$인 세 자연수가 있다. 세 자연수의 최대공약수와 최소공배수의 합이 3372일 때, 세 자연수 중 가운데 수를 구하면?

① 54 ② 60 ③ 72

④ 96 ⑤ 168

10 가로 $96\,\mathrm{m}$, 세로 $54\,\mathrm{m}$인 직사각형 모양의 공원 둘레에 같은 간격으로 나무를 심으려고 한다. 네 모퉁이에는 반드시 나무를 심고 나무의 수는 될 수 있는 한 작게 하려고 할 때, 필요한 나무의 수를 구하여라.

11 360의 약수의 개수와 $32\times 3^{a}\times 7^{b}$의 약수의 개수는 같다. 이 때, 양의 정수 a, b의 값을 각각 구하여라.

12 다음을 계산하여라.

$$\left\{4\times(-0.5)^3-\dfrac{1}{2}\right\}^5\times\left(-\dfrac{1}{3^2}\right)-1.5^3\times\left(-\dfrac{2}{9}\right)^2$$

13 200에 자연수 x를 곱하여 어떤 자연수의 제곱이 되게 하려고 한다. x가 될 수 있는 수 중에서 세 번째로 작은 수를 구하여라.

제 5 회 - Ⅲ, Ⅳ 단원평가

01 다항식 $-2x^2-x+1$에 대한 다음 설명 중 옳은 것을 모두 고르면? (정답 3개)

① 항은 $-2x^2$, x, 1, 의 3개다.

② x^2의 계수는 -2이다.

③ 차수는 2이다.

④ x의 계수는 1이다.

⑤ 상수항은 1이다.

02 어느 상점에서 정가가 a원인 축구공은 20% 할인하고, 정가가 30000원인 축구화는 b% 할인하여 판매한다고 한다. 축구화와 축구공의 판매가격의 합을 문자를 사용한 식으로 나타낸 것으로 가장 옳은 것은?

① $0.2a+0.3b$

② $a-0.2a+0.3b$

③ $30000+0.8a-300b$

④ $(a-a\times\dfrac{20}{100})+(3000-300\times b)$

⑤ $(a-a\times\dfrac{20}{100})+(30000-b\times\dfrac{30}{100})$

03 $x=2$, $y=-5$일 때, $|-x+2y|-|x+y|$의 값을 구하면?

① 5 　　② 9 　　③ 11

④ 12 　　⑤ 15

04 상수항이 -4인 x에 대한 일차식에서 $x=2$일 때의 식의 값을 3이라고 하면 $x=4$일 때의 식의 값을 구하면?

① 6 　　② 7 　　③ 8

④ 9 　　⑤ 10

05 $A=-x+2$, $B=\dfrac{2}{3}x-\dfrac{3}{4}$, $C=-\dfrac{1}{2}x-\dfrac{1}{6}$ 일 때, $A-\left\{\dfrac{1}{2}A-3(2B-C)\right\}$를 간단히 하면?

① $5x-3$ 　　② $-4x+5$

③ $-4x-5$ 　　④ $5x-4$

⑤ $-5x+4$

06 다음 방정식의 풀이 과정에서 ⓐ, ⓑ, ⓒ 에 이용된 등식의 성질을 보기에서 차례로 나열하면?

$$\frac{2x-1}{3} = -2$$
$$\downarrow \quad \cdots \text{ⓐ}$$
$$2x-1 = -6$$
$$\downarrow \quad \cdots \text{ⓑ}$$
$$2x = -5$$
$$\downarrow \quad \cdots \text{ⓒ}$$
$$x = -\frac{5}{2}$$

보기

c가 자연수일 때,
(ㄱ) $a=b$이면 $a+b=b+c$
(ㄴ) $a=b$이면 $a-c=b-c$
(ㄷ) $a=b$이면 $ac=bc$
(ㄹ) $a=b$이면 $\dfrac{a}{c}=\dfrac{b}{c}$

① (ㄹ) $-$ (ㄱ) $-$ (ㄷ)
② (ㄴ) $-$ (ㄱ) $-$ (ㄹ)
③ (ㄹ) $-$ (ㄴ) $-$ (ㄷ)
④ (ㄱ) $-$ (ㄴ) $-$ (ㄷ)
⑤ (ㄷ) $-$ (ㄱ) $-$ (ㄹ)

07 등식 $2(x-3)=a(x-1)+b$가 x값에 관계 없이 항상 성립할 때, 상수 a, b의 합 $a+b$ 의 값을 구하면?
① -8 ② -2 ③ -1
④ 4 ⑤ 8

08 다음 방정식 중 나머지 넷과 해가 다른 하 나는?
① $2x-6=0$
② $-8=-2(x+1)$
③ $3x-5(x-1)=-1$
④ $\dfrac{x+3}{3}=0.5(x-1)$
⑤ $-0.1(x+1)=0.5-0.3x$

09 방정식 $\dfrac{5x-2}{2}=\dfrac{7x+1}{3}-\dfrac{3}{2}$의 해를 a라 고 할 때, a^2-a-2의 값은?
① -4 ② -2 ③ 0
④ 2 ⑤ 4

10 x에 대한 방정식 $\dfrac{1}{2}x(3-a)=3-x$의 해 가 자연수일 때, 이를 만족하는 자연수 a 의 합을 구하면?
① 10 ② 9 ③ 8
④ 7 ⑤ 6

11 지현이 어머니의 나이는 38살, 지현이의 나이는 14살이다. 어머니의 나이가 지현이 나이의 2배가 되는 것은 몇 년 후인가?
① 25년 ② 20년 ③ 12년
④ 10년 ⑤ 5년

11 현아가 방과 후 공부를 하기 위해 4시 30분에 자전거를 타고 시속 $10km$의 속력으로 집에서 도서관으로 출발하였다. 그런데 도서관에 입장하는데 필요한 학생증을 가져오지 않았다. 이를 뒤늦게 알게 된 현아의 언니가 30분 후에 시속 $40km$의 속력으로 차를 타고 현아를 뒤 따라가서 둘이 동시에 도서관에 도착하였다고 한다. 현아가 도서관에 도착한 시각을 구하면?

① 5시 40분　　② 5시 34분
③ 5시 20분　　④ 5시 10분
⑤ 5시 5분

12 정의역이 $X=\{-2, -1, 0, 1\}$이고 공역이 $Y=\{-4, -3, -2, -1, 0, 1, 2\}$일 때, 다음 중 y가 x의 함수가 될 수 없는 것은?

① $y=-x$　　　　② $y=-2x$
③ $y=|x|$　　　　④ $y=x+1$
⑤ $y=-x-2$

13 함수 $f(x)=2x-1$의 치역이 $\{1, 3, 5, 7\}$일 때, 다음 중 정의역을 구한 것으로 옳은 것은?

① $\{1, 2, 3, 4\}$
② $\{-1, -2, -3, -4\}$
③ $\{1, 3, 5, 7\}$
④ $\{-1, -3, -5, -7\}$
⑤ $\{2, 4, 6, 8\}$

14 좌표평면 위의 두 점 $A(2a, 3)$, $B(6, b-1)$가 y축에 대하여 대칭일 때, ab의 값은?

① 12　　　② 6　　　③ 4
④ -6　　⑤ -12

15 함수 $f(x)=\dfrac{6}{x}$에 대하여 $f(2)=a$, $f(-b)=\dfrac{1}{2}$일 때, $a+b$의 값은?

① 15　　　② 9　　　③ 6
④ -9　　⑤ -15

16 그림과 같이 함수 $y=ax$의 그래프 위에 두 점 A, B가 있을 때, 점 B의 y좌표는?

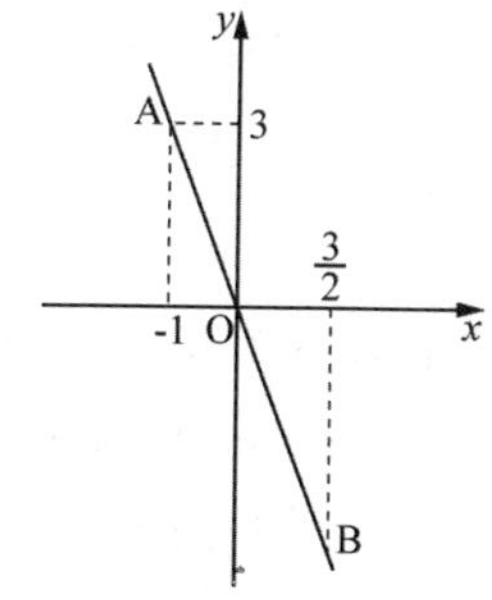

① $-\dfrac{9}{2}$　　② -3　　③ $-\dfrac{3}{2}$
④ 3　　　　⑤ $\dfrac{9}{2}$

16 함수 $y = ax\,(a < 0)$ 의 정의역이

$\{x \,|\, 2 \leq x \leq b\}$ 이고 치역이

$\{y \,|\, -3 \leq y \leq -1\}$ 일 때, $\dfrac{a}{4} - \dfrac{b}{8}$ 의 값은?

① $-\dfrac{11}{24}$　② $-\dfrac{7}{24}$　③ $-\dfrac{7}{8}$

④ $-\dfrac{5}{8}$　⑤ $\dfrac{5}{8}$

17 톱니 수가 15개인 톱니바퀴 A와 톱니 수가 x개인 톱니바퀴 B가 서로 맞물려 돌고 있다. 톱니바퀴 A가 매 초 5번 회전할 때, 톱니바퀴 B는 y번 회전한다고 한다. x, y 사이의 관계식을 바르게 구한 것은?

① $y = \dfrac{75}{x}$　② $y = \dfrac{3}{x}$　③ $y = 75x$

④ $y = 3x$　⑤ $y = \dfrac{1}{3}x$

18 다음 그림과 같은 직사각형 $ABCD$에서 점 P는 점 D를 출발하여 매초 2cm씩 시계 반대 방향으로 직사각형의 변 위를 움직이고 있다. 점 P가 변 BC위에 있으면서 삼각형 ABP의 넓이가 70cm^2가 되는 것은 출발한 지 몇 초 후인가?

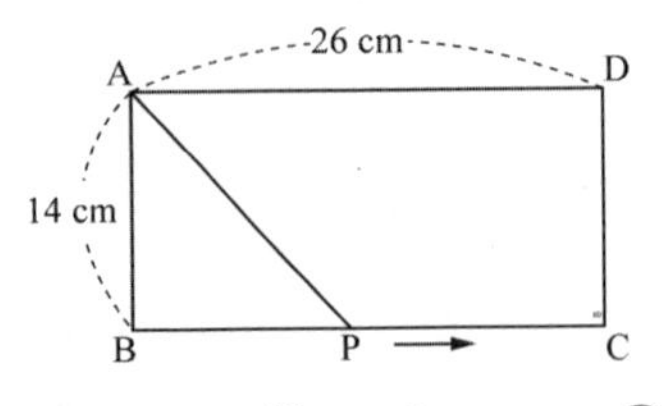

① 5초　② 10초　③ 20초

④ 25초　⑤ 28초

19 지난해 어느 봉사 단체의 전체 회원 중 12%가 중학생이었다. 올해 이 단체에는 10명의 중학생이 가입하고 20명의 고등학생이 탈퇴를 하여 중학생의 비율이 20%가 되었다. 지난 해 이 단체에 가입되어 있었던 중학생의 수를 구하여라.

20 두 함수 $f(x) = -\dfrac{2}{3}x$, $g(x) = \dfrac{6}{x}$ 에 대하여 $g(2) = a$ 일 때, $f(a) = g(b)$ 를 만족하는 b 의 값을 구하여라.

21 다음 그래프에서 점 A의 좌표는 $(1, a)$, 점 B의 좌표는 $(3, b)$이며 삼각형 ABO의 넓이는 12이다. 다음 물음에 답하여라.

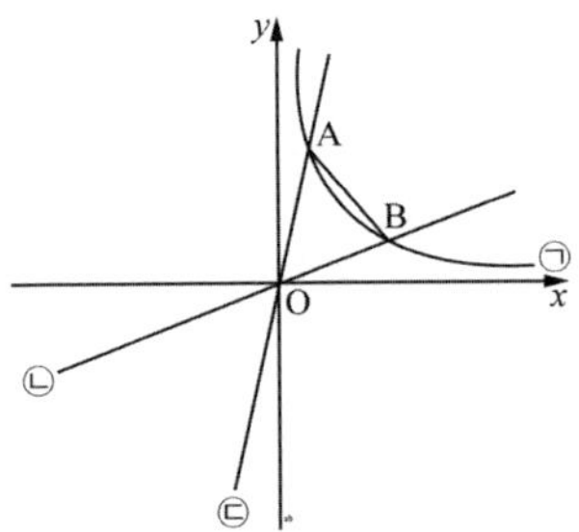

(1) a와 b의 값을 각각 구하여라.

(2) ㉠의 그래프가 나타내는 함수의 관계식과 정의역을 각각 구하여라.

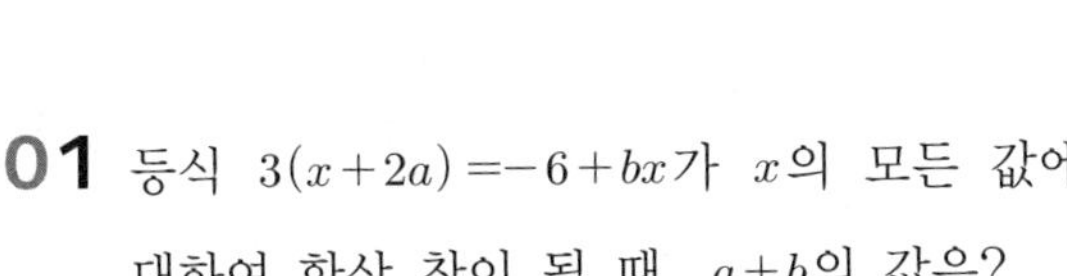

01 등식 $3(x+2a)=-6+bx$가 x의 모든 값에 대하여 항상 참이 될 때, $a+b$의 값은?

① -2 ② -1 ③ 0

④ 1 ⑤ 2

02 다음 중 옳지 않은 것은?

① $a+3=b+3$ 이면 $a=b$ 이다.

② $3x=5y$ 이면 $\dfrac{x}{5}=\dfrac{y}{3}$ 이다.

③ $xy=xz$ 이면 $y=z$ 이다.

④ $\dfrac{x}{4}=\dfrac{y}{7}$ 이면 $-7x=-4y$ 이다.

⑤ $x=2y+3$ 이면 $x-2y-3=0$ 이다.

03 다음 중 $\dfrac{x+y}{ab}$와 같은 것은?

① $x+y\div a\div b$ ② $(x+y)\div a\div b$

③ $x\div a+y\div b$ ④ $x+y\div a\div b$

⑤ $x+y\div a\times b$

04 $-1<a<0$일 때, 다음 중 식의 값이 가장 큰 것은?

① $\dfrac{1}{a}$ ② $-a-2$ ③ $a+1$

④ $2a+3$ ⑤ a^2-2

05 $\dfrac{1}{3}(2x-1)-\dfrac{1}{2}(x+1)$을 계산하였을 때, 일차항의 계수를 a, 상수항을 b라 할 때, $\dfrac{b}{a}$ 의 값은?

① -5 ② $-\dfrac{1}{5}$ ③ -1

④ 1 ⑤ 5

06 다음 중 옳은 것을 두 가지 고르면?

① 600원짜리 빵을 x개 사고 7000원을 냈을 때의 거스름돈은 $7000-600x$(원) 이다.

② a로 나누었을 때, 몫이 5이고, 나머지가 b인 수는 $5b+a$이다.

③ 농도가 $a\%$인 소금물 $200g$에 들어있는 소금의 양은 $\dfrac{a}{200+a}\times 100(g)$이다.

④ 원가가 1500원인 물건을 $a\%$할인하여 판매할 때, 판매가는 $1500-15a$(원) 이다.

⑤ 십의 자리의 숫자가 x, 일의 자리의 숫자가 y,인 두 자리의 자연수는 $x+y$ 이다.

07 다음 중 일차방정식의 해가 $x=-1$인 것은 모두 몇 개인가?

(가) $5x=3x-7$	(나) $x-1=2x-3$
(다) $1-3x=4$	(라) $-2x+1=3$
(마) $1-x=2x+7$	(바) $2(x-1)=x$

① 1개   ② 2개   ③ 3개
④ 4개   ⑤ 5개

08 x에 대한 방정식 $\dfrac{a-3x}{4}-3=-2$의 해가 음의 정수일 때, 자연수 a의 값은?

① 1   ② 2   ③ 3
④ 4   ⑤ 5

09 둘레의 길이가 3.5km인 호수가 있다. 이 호수의 둘레를 윤선이와 지혜가 500m 떨어진 지점에서 동시에 출발하여 둘 다 산책로 방향으로 걷기 시작하였다. 윤선이는 매분 70m의 속력으로 지혜는 매분 50m의 속력으로 걸을 때, 두 사람이 처음으로 만나는 것은 출발한지 몇 분 후인가?

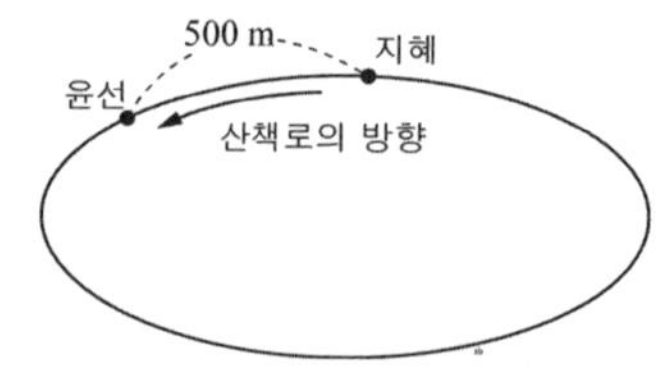

① 25분   ② 50분   ③ 100분
④ 125분   ⑤ 150분

10 다음 중 함수가 아닌 것은?

① 반지름이 x인 원의 둘레의 길이는 y이다.
② 한 변의 길이가 $x$cm인 정삼각형의 둘레의 길이는 $y$cm이다.
③ 자연수 x보다 작은 소수의 개수는 y이다.
④ 10보다 작은 자연수 x의 배수는 y이다.
⑤ 시속 6km로 x시간 간 거리는 $y$km이다.

11 치역이 $\{-6,\ -3,\ 0,\ 3\}$인 함수 $y=-\dfrac{x}{3}$의 정의역의 모든 원소의 합은?

① 0   ② 2   ③ -9
④ 9   ⑤ 18

12 함수 $f(x)=\dfrac{4}{x}$에 대하여 $f(2)=a$, $f(b)=\dfrac{1}{2}$일 때, $a+b$의 값은?

① 4   ② 8   ③ 10
④ 12   ⑤ 16

13 a, b가 다음 조건을 만족할 때, 점 $P(-b,\ a)$는 몇 사분면 위의 점인가?

$\dfrac{b}{a}<0$,	$a+b<0$,	$\lvert a\rvert>\lvert b\rvert$

① 제1사분면   ② 제2사분면
③ 제3사분면   ④ 제4사분면
⑤ 제5사분면

14 함수 $y = \dfrac{2}{x}$의 그래프에 대한 설명으로 옳지 않은 것은?

① 점 $\left(8, \dfrac{1}{4}\right)$을 지난다.

② 제 1, 3사분면을 지난다.

③ 그래프의 모양은 좌표 측에 한 없이 가까워지는 한 쌍의 곡선이다.

④ x의 값이 증가할 때, y의 값은 감소한다.

⑤ $y = \dfrac{5}{x}$의 그래프보다 원점에서 멀리 떨어져 있다.

가 50일 때, a의 값과 점C의 y좌표와의 곱을 구하면?

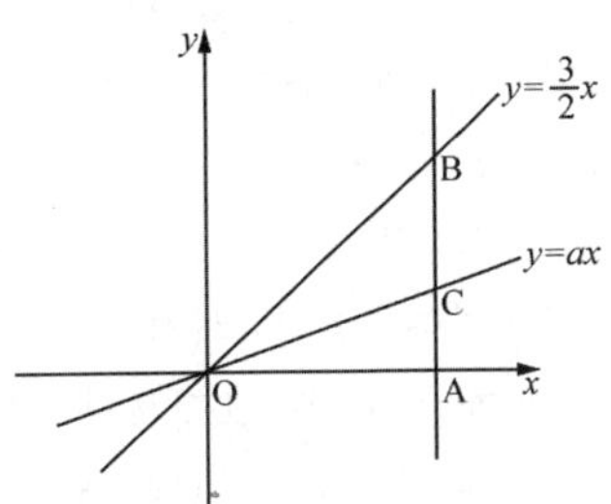

① $\dfrac{1}{2}$ ② 1 ③ $\dfrac{3}{2}$

④ $\dfrac{5}{2}$ ⑤ 10

15 다음 함수의 그래프와 함수식을 바르게 연결한 것은?

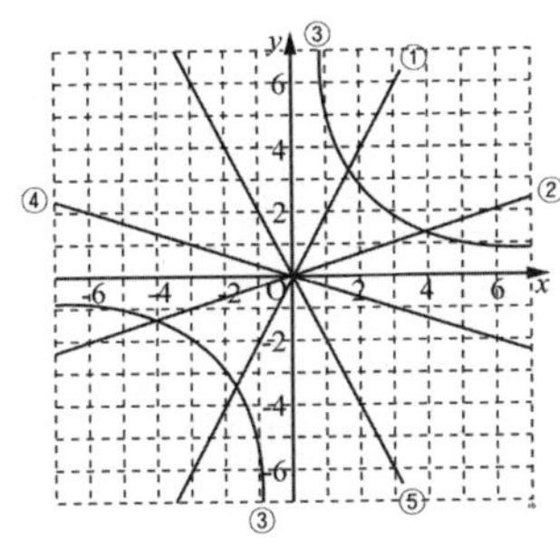

① $y = 2x$ ② $y = \dfrac{1}{2}x$

③ $y = \dfrac{3}{x}$ ④ $y = -\dfrac{1}{2}x$

⑤ $y = -\dfrac{3}{2}x$

17 톱니바퀴 A는 톱니가 30개이고, 1분에 20회전을 한다. 여기에 톱니가 x개인 다른 톱니바퀴 B를 맞물려 회전시키면 1분에 y번 회전한다고 할 때, x와 y사이의 관계를 함수 $y = \dfrac{a}{x}$의 꼴로 나타내고, 이 때, 톱니바퀴 B의 톱니가 40개일 때, 1분에 b번 회전한다. $a+b$의 값은?

① 630 ② 615 ③ 360

④ 315 ⑤ 75

16 다음 그림은 $y = \dfrac{3}{2}x$와 $y = ax$의 그래프이다. 점A의 좌표는 $(10, 0)$이고, 직선 AB는 y축과 평행하다. 삼각형 OBC의 넓이

18 어떤 제품에 원가의 2할을 붙여서 정가를 정하였는데, 정가에서 2000원을 할인하여 팔았더니 원가에 대하여 1할의 이익을 얻었다. 이 제품의 원가를 구하면?

① 12000원 ② 14000원

③ 16000원 ④ 18000원

⑤ 20000원

19 영웅이네 중학교 1학년 학생들이 학교로부터 63km 떨어진 야영장소로 가기 위하여 두 대의 버스에 나누어 타고 가기로 하였다. 한 버스에는 여학생만 탔고, 다른 버스에는 남학생만 탔다. 두 대의 버스가 동시에 출발하여 걸린 시간과 이동한 거리 사이의 관계는 다음 그래프와 같다. 이 속력으로 계속 갈 때, 야영 장소에 여학생 버스가 도착한 지 몇 분 후에 남학생 버스가 도착하는가?

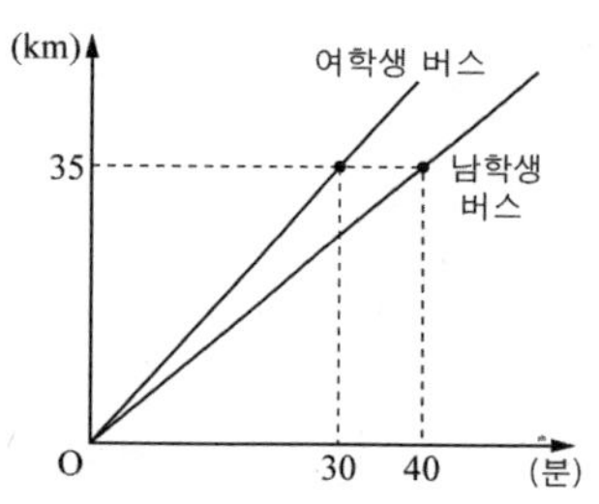

① 16분 ② 17분 ③ 18분
④ 19분 ⑤ 20분

20 두 함수 $y = ax$, $y = \dfrac{b}{x}$ 의 그래프가 두 점 $A(-2, 1)$, $B(2, c)$ 에서 만날 때, a, b, c 의 값을 구하여라.

21 준서는 며칠 동안 여행을 다녀왔는데 여행의 $\dfrac{1}{3}$ 시간은 잠을 자고, 여행의 $\dfrac{1}{6}$ 시간은 차를 탔다. 5시간은 먹는데 썼으며, 여행의 $\dfrac{1}{4}$ 시간은 유적지를 돌아보았고, 7시간은 할아버지 댁에 머물렀다. 며칠 동안 여행했는지 구하여라.

제 7 회 - Ⅲ, Ⅳ 단원평가

01 다음 중에서 x^2-5x-4에 대한 설명으로 옳지 않은 것은?

① 다항식은 2차식이다.
② 항은 x^2, $5x$, -4의 3개다.
③ 상수항은 -4이다.
④ x^2의 계수는 1이다.
⑤ x의 계수는 -5이다.

02 x에 관한 방정식 $\dfrac{1}{2}x+a=-x+b$를 가현이는 a를 0으로 보고 풀어서 $x=2$가 나왔고 소희는 b를 0으로 보고 풀어서 $x=-4$가 나왔다. 바르게 계산하여 해를 구하면?

① 1 　　 ② 2 　　 ③ -2
④ -1 　　 ⑤ 3

03 합격률이 20%인 어떤 회사의 입사 시험에서 합격자의 평균은 최저합격 점수보다 10점이 높고 불합격자의 평균은 최저합격 점수보다 30점이 낮다. 전체 평균이 55점일 때, 최저합격점수를 구하면?

① 77 　　 ② 78 　　 ③ 76
④ 75 　　 ⑤ 79

04 다음 중에서 y가 x의 함수인 것을 모두 고르면?

> ㄱ. x의 약수 y
> ㄴ. x를 3으로 나누었을 때의 나머지 y
> ㄷ. 밑변이 b이고 높이가 x인 삼각형의 넓이 y

① ㄱ 　　 ② ㄴ 　　 ③ ㄱ, ㄴ
④ ㄱ, ㄷ 　　 ⑤ ㄴ, ㄷ

05 $y=(x$의 약수의 개수$)$에 대하여 $f(2)+f(3)+f(4)+f(5)$의 값을 구하면?

① 6 　　 ② 7 　　 ③ 8
④ 9 　　 ⑤ 10

06 다음 중에서 함수 $y=-2x$의 그래프에 대한 설명으로 옳은 것은 몇 가지인가?

> 1) 원점을 지난다.
> 2) $(1, -2)$를 지난다.
> 3) 제 2사분면과 제 4사분면을 지난다.
> 4) $y=2x$와 y축 대칭이다.

① 0개 　　 ② 4개 　　 ③ 3개
④ 2개 　　 ⑤ 1개

07 길이가 3m일 때, 무게가 240 g인 철사가 있다. 이 철사의 가격이 100 g당 500원이라 할 때, xm의 가격을 y원이라 한다. 이 철사 5m의 가격은 얼마인가?

① 2,500원   ② 2,000원
③ 3,000원   ④ 1,500원
⑤ 3,500원

08 점 $P(a, b)$가 제 4사분면 위의 점일 때, 점 $Q(ab, a-b)$는 제 몇 사분면 위의 점인가?

① 제 1사분면
② 제 2사분면
③ 제 3사분면
④ 제 4사분면
⑤ 알 수 없다.

09 시계의 분침은 1시간에 360° 회전하고, 시침은 1시간에 30°회전한다. 2시 20분일 때, 시침과 분침이 이루는 각의 크기는? (단, 작은 각을 구하라.)

① 40°   ② 45°   ③ 50°
④ 55°   ⑤ 60°

10 두 함수 $y=-\dfrac{1}{3}x$, $y=3x$의 그래프가 다음 그림과 같이 x좌표가 4인 점 A, B를 각각 지난다. 이 때, $\triangle AOB$의 넓이는?

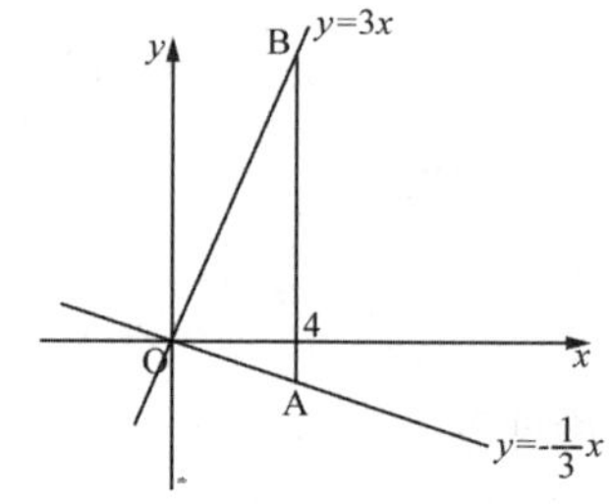

① $\dfrac{80}{3}$ ② $\dfrac{40}{3}$ ③ 30
④ 48   ⑤ 36

11 함수 $y=4x-1$의 치역이 $\{-1, 3, 7\}$일 때, 함수의 정의역들의 합을 구하면?

① 6   ② 5   ③ 4
④ 3   ⑤ 2

12 함수 $f\left(\dfrac{x-5}{2x-3}\right)=-3x^2+4x+5$에서 값 $f(-3)$을 구하면?

① 3   ② 2   ③ 1
④ 9   ⑤ -15

13 A비이커에는 $a\%$의 소금물 200 g, B비이커에는 $b\%$의 소금물 100 g이 각각 들어있다. A비이커의 소금물 100 g을 B비이커에 넣어 잘 섞은 후, 다시 B비이커의 소금물 100g을 A비이커에 넣었다. 이 때, A비이커의 소금물의 농도를 a, b를 사용하여 나타내면?

① $\dfrac{3a+b}{4}$ ② $\dfrac{2a+b}{3}$

③ $\dfrac{3a+b}{3}$ ④ $\dfrac{2a+b}{4}$

⑤ $\dfrac{a+b}{2}$

14 같은 용량의 파일 4개를 차례로 내려 받으려고 한다. 다음 그래프는 현재 내려받는 파일의 전송비율과 전체 파일의 전송비율을 나타낸다. 전송속도가 같은 파일 4개를 모두 내려 받는 데에는 총 8분이 걸리고 전송을 시작한지 t분 후에 두 그래프의 길이가 같아졌다. 이 때 가능한 t의 값을 모두 구하여 서로 더한 값은 얼마인가?

현재 내려받은 파일의 전송 비율

전체 파일의 전송 비율

01 x에 관한 일차방정식 $3x - 2(x+3) = 4$의 해가 $x = a$일 때, $a^2 - 4a$의 값은?
① 30　　② 40　　③ 50
④ 60　　⑤ 70

02 일차방정식 $\dfrac{a}{2} + \dfrac{x-2}{4} = 1$의 해가 $x = 4$일 때, a의 값은?
① 1　　② 2　　③ 3
④ 4　　⑤ 5

03 다음 등식 $(a-2)x + 12 = 3(x+2b) + x$가 항등식일 때, $a - b$의 값은?
① -2　　② 3　　③ 4
④ -5　　⑤ 6

04 다음 중 해가 -3인 방정식은?
① $x - 4 = -2$
② $x + 3 = -2$
③ $\dfrac{1}{3}x = -4$
④ $3x = -9$
⑤ $5x - 1 = 2x + 8$

05 일정한 속력으로 달리는 기차가 길이 480m의 터널을 완전히 통과하는데 32초가 걸리고, 길이 120m의 터널을 완전히 통과하는데 12초가 걸린다고 한다. 기차의 길이는?
① 95m　　② 96m　　③ 97m
④ 98m　　⑤ 99m

06 작년에 어느 학교의 학생수는 총 600명이었다. 금년에 남학생의 수는 10% 증가하고 여학생의 수는 5% 감소하여 학생수는 630명이 되었다. 금년에 늘어난 남학생의 수는?
① 30명　　② 35명　　③ 40명
④ 45명　　⑤ 50명

07 다음 중 옳지 않은 것은?
① $\dfrac{1}{x} \div \left(y \div \dfrac{1}{z} \right) = \dfrac{1}{xyz}$
② $x \div y \div z = x \div (y \times z)$
③ $x \div y \times z = x \div (y \div z)$
④ $0.1 \times x \times x \times y \times 10 - x \div \dfrac{1}{2}y = x^2 y - 2xy$
⑤ $x - y \times z \div 5 = x - \dfrac{yz}{5}$

08 $x=-3$, $y=1$일 때, $3x+2y$와 식의 값이 같은 것은?

① $2x+y$
② x^2-4y
③ x^2-2y
④ $3x+2y^2$
⑤ $x+4y^2$

09 다음 식 중에서 일차식을 모두 찾아라.

① $\dfrac{3}{x}-2$
② $x-(7+x)$
③ $0.1x-0.7$
④ $2a+5$
⑤ x^2-x

10 $\dfrac{5(x-y)}{3}-\dfrac{5(x-3y)}{2}$ 을 계산하면?

① $-5x+35y$
② $-x+7y$
③ $-\dfrac{5}{6}x+\dfrac{35}{6}y$
④ $\dfrac{5}{6}x-\dfrac{35}{6}y$
⑤ $5x-35y$

11 x, y가 자연수일 때, 다음 중 y가 x의 함수되는 것을 모두 찾아라. (정답 2개)

① x를 5로 나누었을 때의 나머지 y
② x의 약수의 개수 y
③ 500원짜리 물건을 x개 샀을 때의 물건 값 y원
④ x와 서로소인 수 y
⑤ x와의 합이 10이 되는 수 y

12 $a(2-3x)-(bx+3)$을 계산하였을 때 x의 계수는 -10, 상수항은 3일 때, $a-b$의 값은?

① -12
② -9
③ -2
④ 2
⑤ 9

13 함수 $y=ax-2$의 정의역이 $\{-1,\ 0,\ 1,\ 2,\ 3\}$이고, 치역의 모든 원소들의 합이 -12일 때, a의 값을 구하면?

① $\dfrac{1}{5}$
② $-\dfrac{2}{5}$
③ $\dfrac{3}{5}$
④ $-\dfrac{4}{5}$
⑤ -1

14 함수 $y=\dfrac{10}{x}$에서 정의역이 $\{x\,|\,x\geq 2\}$일 때, 치역을 구하면?

① $\{y\,|\,y\leq 0\}$
② $\{y\,|\,y\leq 5\}$
③ $\{y\,|\,y\geq 5\}$
④ $\{y\,|\,0\leq y\leq 5\}$
⑤ $\{y\,|\,0< y\leq 5\}$

15 점 $P(-ab,\ a-b)$가 제 4사분면의 점이고, 점 $Q(-ab,\ a+b)$가 제 1사분면의 점일 때, 다음 중 옳은 것을 모두 찾아라. (정답 3개)

① $y=ax$ 의 그래프는 x값이 증가하면 y값은 감소한다.
② $y=\dfrac{b}{x}$ 의 그래프는 x값이 증가하면 y값도 증가한다.
③ $y=\dfrac{b}{a}x$ 의 그래프는 $y=-x$의 그래프보다 y축에 가깝다.

④ $y = -\dfrac{a}{b}x$의 그래프는 $y = x$의 그래프 보다 x축에 가깝다.

⑤ $R(-a,\ b)$은 제 2사분면의 점이다.

16 우유팩을 재활용하여 화장지를 만드는 어느 회사에서 우유팩 720개를 재생하여 12개의 화장지를 생산한다고 한다. 우유팩의 개수를 x, 화장지의 개수를 y라 할 때, x와 y사이의 관계식을 구하면?

① $y = 60x$
② $y = \dfrac{1}{60}x$
③ $y = \dfrac{60}{x}$
④ $y = \dfrac{1}{60x}$
⑤ $y = x - 60$

17 다음 그림은 함수 $y = 3x$, $y = \dfrac{a}{x}$의 그래프이다. 점 A의 x좌표는 2이다. $y = \dfrac{a}{x}$의 그래프 위의 점 P에서 y축과 평행한 직선이 x축과 만나는 점을 R이라고 할 때, 삼각형 POR의 넓이를 구하면?

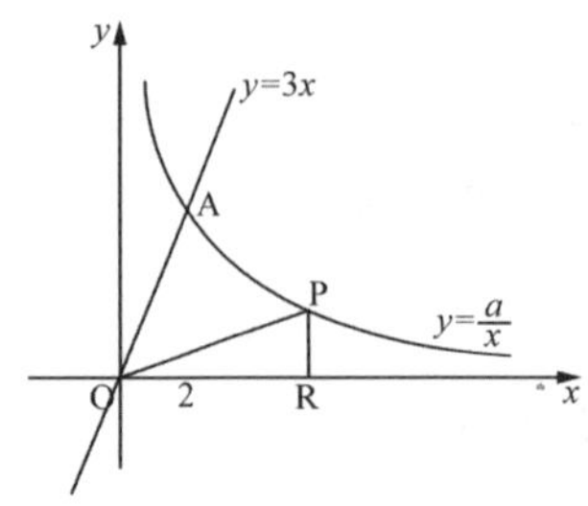

① 3
② 4
③ 6
④ 12
⑤ 15

18 어느 공원에 새 품종의 나무를 심으려고 한다. 100그루의 나무를 5사람이 심는데 30시간이 걸렸다고 하면, 똑같은 빠르기로 500그루의 나무를 50시간 만에 심으려면 몇 명이 필요한가?

① 3명
② 7명
③ 10명
④ 12명
⑤ 15명

19 톱니의 수가 20개인 톱니바퀴 A가 4번 회전할 때, 이와 맞물려 돌고 있는 톱니의 수가 x개인 톱니바퀴 B는 y번 회전한다. 이 때, x와 y의 관계식을 구하면?

① $y = \dfrac{80}{x}$
② $y = \dfrac{5}{x}$
③ $y = 80x$
④ $y = 5x$
⑤ $y = \dfrac{1}{5}x$

20 다음 그림과 같이 바둑돌을 이용하여 정사각형 모양을 만들 때, 48번째에 필요한 바둑돌의 개수는?

1번째 2번째 3번째 4번째 …

① 144개
② 168개
③ 175개
④ 189개
⑤ 192

memo

 **memo**

정답

맛있는 교재

정답
및
해설

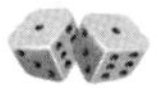

필수예제

정답 풀이참조

풀이

(1) 3×5의 약수 : 1, 3, 5, 15
(2) 3×5^2의 약수 : 1, 3, 5, 15, 25, 75
(3) $2^2\times5^2$의 약수 : 1, 2, 4, 5, 10, 20, 25, 50, 100
(4) $2\times3\times5^2$의 약수 : 1, 2, 3, 5, 6, 10, 15, 25, 30, 50, 75, 150

확인유제 01

정답 ④

풀이

④ 자연수 1의 약수는 1 한 개뿐이다.

필수예제

정답 풀이참조

풀이

(1) 5의 약수는 1, 5이므로 소수이다.
(2) 9의 약수는 1, 3, 9이므로 합성수이다.
(3) 17의 약수는 1, 17이므로 소수이다.
(4) 20의 약수는 1, 2, 4, 5, 10, 20이므로 합성수이다.

확인유제 01

정답 (1) 10^6 (2) 3^7
 (3) 7^3 (4) $2^3\times3^4\times5^2$

풀이

(1) 거듭 곱한 수는 10, 곱한 횟수는 6 이므로 10^6
(4) 2를 3번, 3을 4번, 5를 2번 곱한 수이므로 $2^3\times3^4\times5^2$

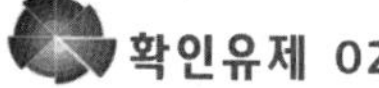

확인유제 02

정답 2, 3, 5, 7, 11, 13, 17, 19

풀이

1과 자기 자신만을 약수로 가지는 자연수를 찾으면 된다.

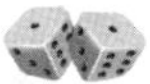

필수예제

정답 (1) $2\times3\times11$ (2) $3^2\times5^2$

풀이

$66=2\times3\times11$, $225=3^2\times5^2$

확인유제 01

정답 (1) $2^2\times3^2$ (2) $2^2\times3\times5$

풀이

(1) $36=2^2\times3^2$
(2) $60=2^2\times3\times5$

확인유제 02

정답 (1) 2, 3, 7 (2) 2, 3, 5

풀이

(1) $84=2^2\times3\times7$: 소인수는 2, 3, 7
(2) $300=2^2\times3\times5^2$: 소인수는 2, 3, 5

필수예제

정답 8개

풀이

$24=2^3\times3$이므로 $(3+1)\times(1+1)=8$(개)

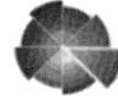

확인유제 01

정답 ④

풀이

$(3+1)\times(2+1)=4\times3=12$(개)

확인유제 02

정답 풀이참조

풀이

$500=2^2\times5^3$으로 소인수분해되므로 약수는 다음 그림과 같다. 따라서, 500의 약수는 1, 2, 4, 5, 10, 20, 25, 50, 100, 125, 250, 500이고 약수의 개수는 12개이다.

$\times$	1	5	5^2	5^3
1	1	5	25	125
2	2	10	50	250
2^2	4	20	100	500

01 정답 ③

풀이

74□2가 4의 배수가 되려면 □2가 4의 배수이어야 하므로 □에 들어갈 수는 1, 3, 5, 7, 9 이고 74□2가 9의 배수가 되려면 $7+4+□+2=13+□$가 9의 배수이어야 하므로 □에 들어갈 수는 5
∴ □에 들어갈 수는 5 이다.

02 정답 ④

풀이

$30=2\times3\times5$이므로 소인수는 2, 3, 5뿐이다.

03 정답 ③

풀이

$45=3^2\times5$이므로 어떤 수의 제곱이 되기 위해서는 거듭제곱의 지수가 짝수가 되게 하는 수를 곱한다. 그 중 가장 작은 수는 $3^2\times5\times5=3^2\times5^2$에서 5이다.

04 정답 ②

풀이

$15=1\times15$, $15=3\times5=(2+1)\times(4+1)$ 이므로 □는 3^{10}또는 밑이 3이 아닌 소수로서 지수가 2인 수이어야 한다.
②에서 3^2은 $3^4\times3^2=3^6$이 되어 약수의 개수가 7개이므로 조건에 맞지 않는다.

필수예제

정답 공약수 : 1, 2, 3, 6   최대공약수 : 6

풀이

24의 약수 : 1, 2, 3, 4, 6, 8, 12, 24, 30의 약수 : 1, 2, 3, 5, 6, 10, 15, 30
∴ 24와 30의 공약수 : 1, 2, 3, 6 ∴ 24와 30의 최대공약수 : 6

확인유제 01

정답 ⑤

풀이

12와 21의 공약수는 1, 3이므로 서로소가 아니다.

확인유제 02

정답 1, 2, 5, 10

풀이

최대공약수의 약수가 두 수의 공약수이다. 따라서, 두 수의 공약수는 10의 약수인 1, 2, 5, 10이다.

필수예제

정답 (1) 8   (2) 18

풀이

(1) $24=2^3\times3$, $80=2^4\times5$이므로 최대공약수는 $2^3=8$
(2) $2\times3^2\times5$, $2^2\times3^3$에서 최대공약수는 $2\times3^2=18$

확인유제 01

정답 (1) 8   (2) 18

풀이

(1) $\begin{array}{r}2\,)\,16\ \ 24\\2\,)\ \ 8\ \ 12\\2\,)\ \ 4\ \ \ 6\\ \ \ 2\ \ \ 3\end{array}$　　(2) $\begin{array}{r}2\,)\,54\ \ 72\\3\,)\,27\ \ 36\\3\,)\ \ 9\ \ 12\\ \ \ 3\ \ \ 4\end{array}$

$\therefore 2\times2\times2=8$　　　$\therefore 2\times3\times3=18$

필수예제

정답 12

풀이

4의 배수 : 4, 8, 12, 16, 20, 24, 28, 32, 36, …이고
6의 배수 : 6, 12, 18, 24, 30, 36, 42, 48, …이므로
4와 6의 공배수 : 12, 24, 36, …이다.
따라서, 공배수 중 가장 작은 수는 12이다.

확인유제 01

정답 ④

풀이

$2^2\times3\times5$와 $2\times3^2\times5$의
최소공배수는 $2^2\times3^2\times5$이므로
$2^2\times3^2\times5\times k(k는\ 자연수)$인 것은 모두 공배수가 된다. 이 때, $2\times3^2\times5^2$은 $2^2\times3^2\times5$의 배수가 아니므로 두 수의 공배수가 아니다.

확인유제 02

정답 102

풀이

A와 B의 공배수는
최소공배수인 6의 배수이므로 $100 \div 6 = 16 \cdots 4$
에서 $6 \times 16 = 96$, $6 \times 17 = 102$ 따라서, A와 B의
공배수 중 100에 가장 가까운 수는 102이다.

Ⅰ-2.-04

 **필수예제**

정답 (1) 300　(2) 80

풀이

(1) $2^2 \times 5^2 = 2 \times 2 \times 5$, $2^2 \times 3 \times 5 = 2 \times 2 \times 3 \times 5$
　　이므로 $2^2 \times 3 \times 5^2 = 2 \times 2 \times 3 \times 5 \times 5 = 300$
　　∴ 최소공배수 : 300
(2) $16 = 2 \times 2 \times 2 \times 2$,
　　$40 = 2 \times 2 \times 2 \times 5$, $2 \times 2 \times 2 \times 2 \times 5 = 80$
　　∴ 최소공배수 : 80

확인유제 01

정답 (1) 36　(2) 252

풀이

(1)
$$2\,)\underline{\;12\quad 18\;}$$
$$3\,)\underline{\;\,6\quad\;\,9\;}$$
$$\qquad 2\quad\;\,3$$
$\therefore 2 \times 3 \times 2 \times 3 = 36$

(2)
$$2\,)\underline{\;36\quad 42\;}$$
$$3\,)\underline{\;18\quad 21\;}$$
$$\qquad 6\quad\;\,7$$
$\therefore 2 \times 3 \times 6 \times 7 = 252$

Ⅰ-2. 개념다지기 문제

01 **정답** (1) 12명
　　　(2) 연필 6자루, 공책 4권, 지우개 15개

풀이

(1) 72, 48, 180의 최대공약수를 구하면
　　$2^2 \times 3 = 12$이므로 12명의 학생에게 나누어 줄
　　수 있다.
(2) 한 학생이 받을 수 있는
　　연필의 수 : $72 \div 12 = 6$(자루),
　　공책의 수 : $48 \div 12 = 4$(권),
　　지우개의 수 : $180 \div 12 = 15$(개)

02 **정답** ①

풀이

$143 = 11 \times 13$이므로 142 이하의 수 중에서 13의
배수는 $(11-1) = 10$(개)이고 11의 배수는 $(13-1) =$
12(개)이다. 또한, 11과 13의 최소공배수는 143이
므로 142 이하의 수 중에서 11의 배수와 13의
배수를 제외한 모든 수가 143과 서로소이다. 따라
서, 143과 서로소가 아닌 수는 10+12=22(개)이므

로 143과 서로소인 수는 142-22=120(개)

03 **정답** 900 개

풀이

$12 = 2^2 \times 3$, $20 = 2^2 \times 5$, $8 = 2^3$이므로
세 수의 최소공배수는 $2^3 \times 3 \times 5 = 120$
　∴ $(120 \div 12) \times (120 \div 20) \times (120 \div 8)$
　$= 10 \times 6 \times 15 = 900$(개)

04 **정답** 180 초 후

풀이

$45 = 3^2 \times 5$, $60 = 2^2 \times 3 \times 5$이므로 45와 60의 최소
공배수는 180이다. 따라서, 두 사람은 180초 후에
다시 만난다.

05 **정답** 3 바퀴

풀이

20과 15의 최소공배수는 60이고 ㉮의 톱니의 수
는 20이므로 ㉮가 $60 \div 20 = 3$(바퀴) 돌았을 때, 두
톱니는 같은 이에서 다시 맞물린다.

06 **정답** 오전 9시 15분

풀이

15와 25의 최소공배수는 75이므로 두 노선의 버
스는 75분 후에 다시 동시에 출발하게 된다. 따라
서 가장 빠른 시각은 9시 15분이다.

07 **정답** 오전 9시 15분

풀이

15와 25의 최소공배수는 75이므로 두 노선의 버
스는 75분 후에 다시 동시에 출발하게 된다. 따라
서 가장 빠른 시각은 9시 15분이다.

08 **정답** 12

풀이

(두 수의 곱)=(두 수의 최대공약수)×(두 수의 최
소공배수) 즉, $a \times 15 = 3 \times 60$
　∴ $a = 12$

Ⅱ-1.-01

 **필수예제**

정답 (1) -5　(2) $+2$　(3) -3

풀이

(1) 영상 5℃가 $+5$이므로 영하 5℃는 -5이다.
(2) 3시간 전이 -3이므로 2시간 후는 $+2$이다.
(3) 지상 10층이 $+10$이므로 지하 3층은 -30이다.

 **확인유제 01**

정답 (1) $+5$　(2) -3

풀이

0보다 큰 수는 +부호, 작은 수는 −부호를 갖는다.

 **확인유제 02**

정답 (1) +5 (2) −7

풀이

(1) 일찍, 늦게
(2) 오른쪽, 왼쪽은 서로 반대의 성질이므로 부호가 반대다

Ⅱ-1.-02

 **필수예제**

정답 (1) 4, 7, 2   (2) −1

풀이

소수나 기약분수는 정수가 아니다. 따라서, 양의 정수는 4, 7, 2, 음의 정수는 −1이다.

 **확인유제 01**

정답 ④

풀이

$-2 \leqq x < 3.5$를 만족하는 정수 x는 −2, −1, 0, 1, 2, 3으로 6개이다.

 **확인유제 02**

정답 ③

풀이

$3\frac{4}{5} = \frac{19}{5} = \frac{38}{10} = 3.8$이므로 −5.8과 3.8사이에 있는 정수는 −5, −4, −3, −2, −1, 0, 1, 2, 3으로 9개이다.

Ⅱ-1.-03

 **필수예제**

정답 $-\frac{9}{4}$, 2.4

풀이

벤 다이어그램의 어두운 부분은 정수가 아닌 유리수이다. 따라서, $-\frac{9}{4}$, 2.4가 어두운 부분에 속하는 수이다.

 **확인유제 01**

정답 +1, −2.7, 0, $1\frac{1}{3}$

풀이

$+1 = \frac{1}{1} = \frac{2}{2} = \cdots,\ -2.7 = -\frac{27}{10} = -\frac{270}{100} = \cdots,$

$0 = \frac{0}{1} = \frac{0}{2} = \cdots,\ 1\frac{1}{3} = 1 + \frac{1}{3} = \frac{4}{3}$ 이므로 유리수

이다. $0.246\cdots$은 분수로 나타낼 수 없으므로 유리수가 아니다.

Ⅱ-1.-04

 **필수예제**

정답 A : $-1\frac{1}{4}$, B : $-\frac{3}{4}$, C : $+1\frac{3}{4}$

풀이

점 A, B, C 모두 두 정수 사이가 4등분되었으므로 분모는 4이다.

∴ A : $-1\frac{1}{4}$, B : $-\frac{3}{4}$, C : $+1\frac{3}{4}$

 **확인유제 01**

정답 ④

풀이

가장 왼쪽에 있는 수는 주어진 수 중 가장 작은 수이다.

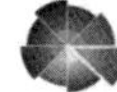 **확인유제 02**

정답 ④

풀이

가장 왼쪽에 있는 수는 주어진 수 중 가장 작은 수이다.

Ⅱ-1.-05

 **필수예제**

정답 ③

풀이

① −5의 절댓값은 5 ② $-\frac{1}{5}$의 절댓값은 $\frac{1}{5}$

③ 0의 절댓값은 0 ④ 0.2의 절댓값은 0.2

⑤ 4의 절댓값은 4

확인유제 01

정답 ⑤

풀이

절댓값이 2인 두 수는 −2．2이므로 두 수 사이의 거리는 2−(−2)=4

 **확인유제 02**

> **정답** $a=4$, $b=-4$

> **풀이**

㉠ 수직선에서 두 수에 대응하는 점과 원점으로부터 거리가 각각 같고

㉡ $a=b+8$, 즉 $a-b=8$에서 두 수의 차는 8이고 $a>b$

$\therefore a=4$, $b=-4$ $\therefore a+b=6$

Ⅱ-1.-06

 **필수예제**

> **정답** (1) $-5<-2$ (2) $0.6>\dfrac{1}{2}$
>
> (3) $0>-3.8$

> **풀이**

(1) 두 수 모두 음수이고 -5의 절댓값이 -2의 절댓값보다 크므로 $-5<-2$

(2) 두 수 모두 양수이고 0.6의 절댓값이 $\dfrac{1}{2}$의 절댓값보다 크므로 $0.6>\dfrac{1}{2}$

(3) 음수는 0보다 작으므로 $0>-3.8$

 **확인유제 01**

> **정답** -2, -0.1, 0, $\dfrac{1}{3}$, $\dfrac{5}{4}$

> **풀이**

음수는 절댓값이 큰 수가 작으므로

$-2<-0.1$이고 $\dfrac{1}{3}=\dfrac{4}{12}$, $\dfrac{5}{4}=\dfrac{15}{12}$이므로

$\dfrac{4}{12}<\dfrac{15}{12}$에서 $\dfrac{1}{3}<\dfrac{5}{4}$

$\therefore -2<-0.1<0<\dfrac{1}{3}<\dfrac{5}{4}$

Ⅱ-1. 개념다지기 문제

01 **정답** ②

풀이

벤 다이어그램에서 어두운 부분은 0 또는 양의 정수이다. 이 때, $-\dfrac{3}{2}$은 음의 유리수, $\dfrac{1}{3}$은 양의 유리수, -2^2, -5는 음의 정수이므로 구하는 답은 4이다.

02 **정답** ①

풀이

② (유리수)$=\dfrac{(정수)}{(정수)}$에서 분모는 0이 아닌 정수

③ 수직선에서 오른쪽에 있는 수일수록 크지만 절댓값이 큰 것은 아니다.(예:-3과 2)

④ 두 음수에서는 절댓값이 큰 수가 작다.

03 **정답** ④

풀이

④ 예를 들어

$a=2$, $b=3$ 이면 $\dfrac{b}{a}=\dfrac{3}{2}\in Q$, $\dfrac{a}{b}=\dfrac{2}{3}\in Q$

04 **정답** ①

풀이

수직선을 그려 생각해 보면 $a=-3$, $b=2$

$\therefore a-b=-3-2=-5$

05 **정답** ②

풀이

수직선 위의 두 점 -8, 4 사이의 거리는 $4-(-8)=12$

따라서, 구하는 수는 -8보다 6만큼 큰 수이다.

$\therefore -8+6=-2$

06 **정답** ①

풀이

a와 b는 절댓값이 같고 부호가 다르므로 원점에서 같은 거리에 있다. 즉, a와 b는 0을 사이에 두고 5만큼 떨어져 있고 $a>b$이므로 오른쪽 그림과 같이 수직선을 이용하면 $a=+\dfrac{5}{2}$, $b=-\dfrac{5}{2}$이다.

07 **정답** ⑤

풀이

x의 절댓값이 0, 1, 2, 3 이므로

$x=-3, -2, -1, 0, 1, 2, 3$

08 **정답** ③

풀이

③ $-\dfrac{1}{3}$의 절댓값은 $\dfrac{1}{3}\fallingdotseq0.30$이고, 0.02의 절댓값은 0.02이므로 절댓값이 가장 작은 수는 0.02이다.

09 **정답** (1) -5, -4, -3, -2 (2) -1, 0

풀이

(1) 주어진 조건을 만족하는 정수는 -5, -4, -3, -2이다.

(2) 주어진 조건을 만족하는 정수는 -1, 0이다.

10 **정답** ⑤

풀이

⑤ 분모를 통분하면 $-\dfrac{1}{2}=-\dfrac{3}{6}$, $-\dfrac{2}{3}=-\dfrac{4}{6}$이므로

$-\dfrac{1}{2}>-\dfrac{2}{3}$

필수예제

정답 (1) +8 (2) −8 (3) +2 (4) −2

풀이

(1) (+3)+(+5)=+(3+5)=+8
(2) (−3)+(−5)=−(3+5)=−8
(3) (+6)+(−4)=+(6−4)=+2
(4) (−6)+(+4)=−(6−4)=−2

확인유제 01

정답 (1) +3 (2) 0 (3) +1 (4) $-\dfrac{3}{2}$

풀이

(1) (주어진 식)=(+4)+(+6)+(−7)=+3
(2) (주어진 식)=(−4)+(−3)+(+7)=0
(3) (주어진 식)=$\left(-\dfrac{1}{4}\right)+\left(-\dfrac{3}{4}\right)+(+2)$=+1
(4) (주어진 식)=$\left(-\dfrac{1}{3}\right)+\left(-\dfrac{2}{3}\right)+\left(-\dfrac{1}{2}\right)$=$-\dfrac{3}{2}$

필수예제

정답 (1) −4 (2) +10 (3) −6.2 (4) $-\dfrac{1}{6}$

풀이

(1) (+3)−(+7)=(+3)+(−7)=−(7−3)=−4
(2) (+6)−(−4)=(+6)+(+4)=+(6+4)=+10
(3) (−3.8)−(+2.4)=(−3.8)+(−2.4)
　　=−(3.8+2.4)=−6.2
(4) $\left(-\dfrac{2}{3}\right)-\left(-\dfrac{1}{2}\right)$

확인유제 01

정답 (1) −3　　　(2) −10

풀이

(1) −2+7−8=(−2)+(−8)+7=(−10)+7=−3
(2) 3−9−4=3+(−9)+(−4)=3+(−13)=−10

확인유제 02

정답 −3

풀이

(주어진 식)
=(+5)+(−7)+(+2)+(−3)=(−2)+(+2)+(−3)=−3

필수예제

정답 (1) +36 (2) −32 (3) −27 (4) $+\dfrac{2}{3}$

풀이

(1) (주어진 식)=+(12×3)=+36
(2) (주어진 식)=−(4×8)=−32
(3) (주어진 식)=−(4.5×6)=−27
(4) (주어진 식)=$+\left(\dfrac{3}{4}\times\dfrac{8}{9}\right)$=$+\dfrac{2}{3}$

확인유제 01

정답 (1) +32 (2) 0 (3) $-\dfrac{4}{5}$ (4) +1.6

풀이

(1) (+8)×(+4)=+(8×4)=+32
(2) (−120)×0=0
(3) $\left(+\dfrac{4}{3}\right)\times\left(-\dfrac{3}{5}\right)$=$-\left(\dfrac{4}{3}\times\dfrac{3}{5}\right)$=$-\dfrac{4}{5}$
(4) (−3.2)×(−0.5)=+(3.2×0.5)=+1.6

필수예제

정답 (1) +32 (2) 0 (3) $-\dfrac{4}{5}$ (4) +1.6

풀이

(1) (+8)×(+4)=+(8×4)=+32
(2) (−120)×0=0
(3) $\left(+\dfrac{4}{3}\right)\times\left(-\dfrac{3}{5}\right)$=$-\left(\dfrac{4}{3}\times\dfrac{3}{5}\right)$=$-\dfrac{4}{5}$
(4) (−3.2)×(−0.5)=+(3.2×0.5)=+1.6

확인유제 01

정답 ②

풀이

① $-3^2=-(3\times3)=-9$
② $(-2)^3=(-2)\times(-2)\times(-2)$
　　$=-(2\times2\times2)=-8$
③ $(-1)^{100}=+1$
④ $\left(+\dfrac{2}{3}\right)^2=\left(+\dfrac{2}{3}\right)\times\left(+\dfrac{2}{3}\right)=+\left(\dfrac{2}{3}\times\dfrac{2}{3}\right)=+\dfrac{4}{9}$
⑤ $\left(-\dfrac{1}{2}\right)^4=\left(-\dfrac{1}{2}\right)\times\left(-\dfrac{1}{2}\right)\times\left(-\dfrac{1}{2}\right)\times\left(-\dfrac{1}{2}\right)$
　　$=+\dfrac{1}{16}$

II-2.-05

필수예제

정답 (1) $+8$ (2) -0.8 (3) $+15$ (4) $-\dfrac{1}{2}$

풀이

(1) $(+24) \div (+3) = +(24 \div 3) = +8$

(2) $(+4.8) \div (-6) = -(4.8 \div 6) = -0.8$

(3) $(-3) \div \left(-\dfrac{1}{5}\right) = (-3) \times \left(-\dfrac{5}{1}\right)$
$= +\left(3 \times \dfrac{5}{1}\right) = +15$

(4) $\left(-\dfrac{4}{7}\right) \div \left(+\dfrac{8}{7}\right) = \left(-\dfrac{4}{7}\right) \times \left(+\dfrac{7}{8}\right) = -\dfrac{1}{2}$

 **확인유제 01**

정답 ③

풀이

① $1 \times (-1) = -1$

② $-1 \times 0 = 0$

③ $-\dfrac{3}{4} \times -\dfrac{4}{3} = 1$

④ $\dfrac{1}{2} \times -2 = -1$

⑤ $\dfrac{3}{2} \times -\dfrac{2}{3} = -1$

II-2.-06

필수예제

정답 ②

풀이

(주어진 식)$= (-2) + (-10) \times \left(-\dfrac{1}{2}\right) = 3$

 **확인유제 01**

정답 -5

풀이

(주어진 식)$= \dfrac{1}{12} \times (-3) + 3 \times \left(-\dfrac{3}{2}\right) - \dfrac{1}{4}$
$= -\dfrac{1}{4} - \dfrac{9}{2} - \dfrac{1}{4}$
$= -\left(\dfrac{1}{4} + \dfrac{18}{4} + \dfrac{1}{4}\right) = -\dfrac{20}{4} = -5$

확인유제 02

정답 0

풀이

(주어진 식)$= (-4) - \left(12 \times \dfrac{1}{4} - 12 \times \dfrac{1}{3}\right) \div \left(-\dfrac{1}{2}\right)^2$
$= (-4) - (3-4) \div \left(+\dfrac{1}{4}\right)$
$= (-4) - (-1) \times 4 = (-4) - (-4)$
$= (-4) + (+4) = 0$

II-2. 개념다지기 문제

01 **정답** ①

풀이

주어진 수는 $(-1, -2, 3, -1, -1)$, $(-1, -2, 3, -1, -1)$, $(-1, -2, 3, -1, -1)$, … 따라서, 2003번째 수까지 합하면 $2003 = 5 \times 400 + 3$이므로 $(-2) \times 400 + (-1) + (-2) + 3 = -800$

02 **정답** ④

풀이

$7 = \underline{7}$, $7^2 = 4\underline{9}$, $7^3 = 34\underline{3}$, $7^4 = 240\underline{1}$, $7^5 = 11764\underline{9}$, …

에서 7을 거듭하여 곱하면 7, 9, 3, 1이 반복하여 나타나고, $30 = 7 \times 4 + 2$이므로 7을 30번 곱한 수의 일의 자리의 수는 9이다.

마찬가지 방법으로

$8 = \underline{8}$, $8^2 = 6\underline{4}$, $8^3 = 51\underline{2}$, $8^4 = 409\underline{6}$, $8^5 = 3276\underline{8}$, …

에서 8을 30번 곱한 수의 일의 자리의 수는 4이다. 따라서, $9 \times 4 = 36$이므로 일의 자리의 수는 6이다.

03 **정답** ⑤

풀이

① $a+b$는 양수 또는 0 또는 음수의 값을 갖는다.

② $a-b = a + (-b) = (음수) + (음수) < 0$

③ $a \times b = (음수) \times (양수) < 0$

④ $a \div b = (음수) \div (양수) < 0$

⑤ $b-a = (양수) + (양수) > 0$

04 **정답** $a < 0$, $b < 0$, $c < 0$, $d < 0$

풀이

$abcd > 0$, $abc < 0$에서 $d < 0$이고 $a < d$이므로 $a < 0$이다. 또한, $bc > 0$이고 $b+c < 0$이므로 $b < 0$, $c < 0$이다.

$\therefore a < 0$, $b < 0$, $c < 0$, $d < 0$

05 **정답** 7

풀이

13을 거듭제곱하였을 때 일의 자리의 숫자와 3을 거듭제곱하였을 때 일의 자리의 숫자는 같다. $3^1 = 3$, $3^2 = 9$, $3^3 = 27$, $3^4 = 81$, $3^5 = 243$, …과 같이 3의 거듭제곱에서 일의 자리의 숫자는 3, 9, 7, 1이 반복된다. 3^4의 일의 자리의 숫자가 1이므로

$3^{12}=(3^4)^3$의 일의 자리의 숫자도 1이다. 따라서, 3^{13}의 일의 자리의 숫자는 3, 3^{14}의 일의 자리의 숫자는 9, 3^{15}의 일의 자리 숫자는 7이다.

06 정답 $-\dfrac{1}{6}$

풀이

$1\dfrac{1}{2}=\dfrac{3}{2}$의 역수 $a=\dfrac{2}{3}$, -4의 역수 $b=-\dfrac{1}{4}$이므로

$a\times b=\dfrac{2}{3}\times\left(-\dfrac{1}{4}\right)=-\dfrac{1}{6}$

07 정답 (1) $+$　(2) $+$

풀이

$a>0,\ -b>0$이므로

(1) $a-b=a+(-b)>0$

(2) $a\div(-b)>0$

08 정답 ①

풀이

$\left\{\left(-\dfrac{1}{2}\right)\bigstar\dfrac{1}{4}\right\}-\left\{\dfrac{1}{3}\bigstar\left(-\dfrac{1}{6}\right)\right\}$

$=\left[\left\{\left(-\dfrac{1}{2}\right)+\dfrac{1}{4}\right\}\div\left\{\left(-\dfrac{1}{2}\right)-\dfrac{1}{4}\right\}\right]$

$\quad-\left[\left\{\dfrac{1}{3}+\left(-\dfrac{1}{6}\right)\right\}\div\left\{\dfrac{1}{3}-\left(-\dfrac{1}{6}\right)\right\}\right]$

$=\left\{\left(-\dfrac{1}{4}\right)\div\left(-\dfrac{3}{4}\right)\right\}-\left\{\dfrac{1}{6}\div\dfrac{3}{6}\right\}$

$=\dfrac{1}{3}-\left(\dfrac{1}{3}\right)\quad=0$

09 정답 14

풀이

가장 큰 수 : $-\dfrac{7}{3}\times\dfrac{1}{2}\times(-3)=\dfrac{7}{2}$

가장 작은 수 : $-\dfrac{7}{3}\times\left(-\dfrac{3}{2}\right)\times(-3)=-\dfrac{21}{2}$

$\therefore \dfrac{7}{2}-\left(-\dfrac{21}{2}\right)=\dfrac{28}{2}=14$

10 정답 (1) 4　(2) 41

풀이

(1) (주어진 식)$=-8\div4\times(-2)=-2\times(-2)=4$

(2) (주어진 식)$=-16\div(-8)\times9=2\times9=18$

11 정답 (1) $-\dfrac{4}{3}$　(2) 18

풀이

(1) (주어진 식)$=6\times(-2)\times\dfrac{1}{9}=-12\times\dfrac{1}{9}=-\dfrac{4}{3}$

(2) (주어진 식)$=-16\div(-8)\times9=2\times9=18$

12 정답 (1) $-$, -3

(2) (-8), $-$, -11

(3) (-3), -5, 2

풀이

(1) $(-8)+(+5)=-(8-5)=-3$

(2) $-3-8=-3+(-8)=-(3-8)=-11$

(3) $-2+7-3=-2+7+(-3)$

$\qquad=-2+(-3)+7=-5+7=2$

필수예제

정답 ⑤

풀이

5개에 a원 하는 귤 1개의 값은 $\dfrac{1}{5}a$(원),

4개에 b원 하는 감 1개의 값은 $\dfrac{1}{4}b$(원)

$\therefore 3\times\dfrac{1}{5}a+5\times\dfrac{1}{4}b=\dfrac{3}{5}a+\dfrac{5}{4}b$(원)

확인유제 01

정답 (1) a^2x^2　(2) $\dfrac{2a}{b}$

(3) $x^2+\dfrac{1}{2}y$　(4) $\dfrac{2}{3}(x+y)$

풀이

(3) $x\times x-y\div(-2)$

$\qquad=x\times x-y\times\left(-\dfrac{1}{2}\right)=x^2+\dfrac{1}{2}y$

(4) $2\times(x+y)\div3=2(x+y)\times\dfrac{1}{3}=\dfrac{2}{3}(x+y)$

필수예제

정답 ②

풀이

$x=-3,\ y=4$를 식에 대입하면

$-x^2+\dfrac{xy}{3}=-(-3)^2+\dfrac{(-3)\times4}{3}=-9-4=-13$

확인유제 01

정답 ④

풀이

$x^2-2xy+y^2$

$=(-2)^2-2\times(-2)\times3+3^2=4+12+9=25$

확인유제 02

정답 ④

풀이

$$x^2 - 2xy + y^2$$
$$= (-2)^2 - 2 \times (-2) \times 3 + 3^2 = 4 + 12 + 9 = 25$$

Ⅲ-1.-03

 **필수예제**

정답 (1) $5x$, $-2x$ (2) $3x+3$

풀이

(1) $5x + 3 - 2x = 5x + 3 + (-2x)$에서
 동류항은 $5x$, $-2x$이다.
(2) $5x - 2x = 3x$이므로 $5x + 3 - 2x = 3x + 3$

확인유제 01

정답 (1) 3, 5 (2) 2, -3

풀이

$2x - 3y + 5 = 2x + (-3y) + 5$이므로
(1) 항은 3 개이고, 상수항은 5 이다.
(2) x의 계수는 2 이고, y의 계수는 -3 이다.

Ⅲ-1.-04

 **필수예제**

정답 ④

풀이

$$-(2x+3) = -2x - 3$$

확인유제 01

정답 (1) $4a - \dfrac{1}{3}$ (2) $6a + 12$

풀이

(1) $\dfrac{2}{3}\left(6a - \dfrac{1}{2}\right) = \dfrac{2}{3} \times 6a + \dfrac{2}{3} \times \left(-\dfrac{1}{2}\right) = 4a - \dfrac{1}{3}$

(2) $(5a + 10) \div \dfrac{5}{6} = (5a + 10) \times \dfrac{6}{5}$

$\qquad = 5a \times \dfrac{6}{5} + 10 \times \dfrac{6}{5} = 6a + 12$

Ⅲ-1.-05

 **필수예제**

정답 ②

풀이

(주어진 식) $= -x + 4 - 5x - 10 = -6x - 6$

 **확인유제 01**

정답 ③

풀이

(수)×(일차식)인 경우에 수를 각 항에 곱하므로 ③ $3(a+5) = 3 \times a + 3 \times 5 = 3a + 15$

확인유제 02

정답 $\dfrac{20x - 13}{6}$

풀이

$$\dfrac{x-2}{3} - \dfrac{3(1-2x)}{2}$$
$$= \dfrac{2(x-2) - 9(1-2x)}{6}$$
$$= \dfrac{2x - 4 - 9 + 18x}{6} = \dfrac{20x - 13}{6}$$

Ⅲ-1. 개념다지기 문제

01 **정답** $(500 - 3a)$원

풀이

연필 3자루의 값은 $3a$원이고, 500원을 냈으므로 거스름돈은 $(500 - 3a)$원이다.

02 **정답** $10a + 12$

풀이

밑넓이 : $3a$, 옆넓이 : $2a$, 옆넓이 : 6
∴ (겉넓이) $= 2(3a + 2a + 6) = 2(5a + 6) = 10a + 12$

03 **정답** ⑤

풀이

3개에 a원이므로 1개에 $\dfrac{a}{3}$원이다.

따라서, 거스름돈은 $\left(b - \dfrac{a}{3}\right)$원이다.

04 **정답** ③

풀이

각각을 식으로 나타내면

㉠ $4a$ ㉡ $\dfrac{a}{4}$ ㉢ $4a$

05 **정답** 풀이참조

풀이

(1) $(a + b) \div 3 = \dfrac{a+b}{3}$

(2) $a \times b \div c = \dfrac{ab}{c}$

(3) $a \times b + b \times c + c \times a = ab + bc + ca$

(4) $x \div y + 3 \times t = \dfrac{x}{y} + 3t$

06 **정답** ④

풀이

$(x$의 계수$)=4=a,$

$(y$의 계수$)=-\dfrac{1}{3}=b,$

$(상수항)=-\dfrac{3}{4}=c$

$\therefore abc=4\times\left(-\dfrac{1}{3}\right)\times\left(-\dfrac{3}{4}\right)=1$

07 **정답** ②

풀이

$x+y=2,\ y+z=3,\ z+x=7$의

세 식을 변변끼리 더하면 $2(x+y+z)=12$

따라서, $x+y+z=6$이므로 $\dfrac{x+y+z}{2}=3$

08 **정답** ②

풀이

$\dfrac{x}{4}=\dfrac{y}{5}=\dfrac{z}{7}=k$라 하면 $x=4k,\ y=5k,\ z=7k$

$\therefore \dfrac{x-y-z}{x+y+z}=\dfrac{4k-5k-7k}{4k+5k+7k}=\dfrac{-8k}{16k}=-\dfrac{1}{2}$

09 **정답** ③

풀이

③ $\dfrac{2x}{3}-xy^2=\dfrac{2\times3}{3}-3\times(-1)^2=2-3=-1$

10 **정답** 풀이참조

풀이

(1) $(12-x)\div2=3$　(2) $170x=1190$

11 **정답** $7x-9$

풀이

$(주어진식)=9x-15+(3x-9)\times\left(-\dfrac{2}{3}\right)$

$=9x-15+(-2x+6)=7x-9$

12 **정답** ③

풀이

$\boxed{}=3(2x+1)-(4x+5)=6x+3-4x-5=2x-2$

Ⅲ-2.-01

필수예제

정답 ②, ④

풀이

① $x=2$

③ $-3x-3\neq-3x-1$

⑤ $-x=2$　$\therefore x=-2$

확인유제 01

정답 ②, ⑤

풀이

① $9+4=13\neq12$

② $2\times2=4$

③ $8\neq6-1=5$

④ $3\times3-1=8\neq5$

⑤ $-3+3=12-12=0$

확인유제 02

정답 ④

풀이

$x=2$를 대입하여 등호가 성립하는 식을 찾는다.

① $-2=0(거짓)$

② $10=8(거짓)$

③ $-7=9(거짓)$

④ $1=1(참)$

⑤ $13=-2(거짓)$

Ⅲ-2.-02

필수예제

정답 ②

풀이

① $a=b$이면 $a+c=b+c$이다.

③ $a=b$이면 $a+c=b+c$이다.

④ $a=b$이면 $a-c=b-c$이다.

⑤ $a=b$이면 $a-c=b-c$이다.

확인유제 01

정답 ㉠ 3　㉡ -9　㉢ $-\dfrac{9}{2}$

풀이

$-\dfrac{2}{3}x+1=4$의 양변에서

1을 빼면 $-\dfrac{2}{3}x+1-1=4-1,\ -\dfrac{2}{3}x=3$

양변에 -3을 곱하면

$-\dfrac{2}{3}x\times(-3)=3\times(-3),\ 2x=-9$

Ⅲ-2.-03

필수예제

정답 ②

풀이

$\underline{7}$의 부호는 $-$이므로 이항하면 $+7$

확인유제 01

정답 $-x+3=0$

풀이

$3x-2x=2x-3, \ 3x-2x-2x+3=0$
$\therefore -x+3=0$

확인유제 02

정답 $a\neq-3$

풀이

$3x+ax=10+7, \ (3+a)x=17$에서
$3+a\neq0$이므로 $a\neq-3$

Ⅲ-2.-04

필수예제

정답 ②

풀이

방정식에 각 원소를 대입하여 참이 되게 하는 x의 값을 찾는다.
② $x=-1$일 때, $4\times(-1)-3=-7$

확인유제 01

정답 ④

풀이

양변에 6을 곱하면
$3(3x+1)-2(2x-3)=2, \ 49x+3-4x+6=2,$
$45x+9=24, \ 5x=15 \quad \therefore x=3$

확인유제 02

정답 $x=2$

풀이

양변에 15를 곱하면
$6x-3=5(x-2)+9,$
$6x-3=5x-10+9,$
$6x-3=5x-1$
$\therefore x=2$

Ⅲ-2.-05

필수예제

정답 ⑤

풀이

$3x-2=x+4, \ 3x-x=4+2, \ 2x=6$
$\therefore x=3$

확인유제 01

정답 $60cm$

풀이

주성이의 리본의 길이를 $x$cm라 하면 혜성이의 리본의 길이는 $(x+30)$cm,
전체 리본의 길이가 150cm이므로 방정식을 세우면 $x+(x+30)=150$
방정식을 풀면 $2x+30=150, \ 2x=120$
$\therefore x=60$(cm) 따라서,
주성이가 가진 리본의 길이는 60cm이다.

확인유제 02

정답 22, 23, 24

풀이

가장 작은 정수를 x라 하면 연속하는 세 정수는 $x, \ x+1, \ x+2$이므로
$x+(x+1)+(x+2)=69, \ 3x=66 \therefore x=22$
따라서, 세 정수는 22, 23, 24이다.

Ⅲ-2.-06

필수예제

정답 ⑤

풀이

A, B사이의 거리를 $x$km라 하면
$(\text{시간})=\dfrac{(\text{거리})}{(\text{속력})}$이므로

시속 60km로 갈 때 걸린 시간은 $\dfrac{x}{60}$(시간),

시속 40km로 올 때 걸린 시간은 $\dfrac{x}{40}$(시간)이다.

$\dfrac{x}{60}+\dfrac{x}{40}=2, \ 2x+3x=240, \ 5x=240$
$\therefore x=48$(km)
따라서, A, B사이의 거리는 48km이다.

확인유제 01

정답 110m

풀이

여객 열차의 길이를 xm라 하면 이 열차의 속력은 초속 $\left(\dfrac{150+x}{10}\right)m$이다. 두 열차가 마주보고 달릴 때의 속력은 $\dfrac{150+x}{10}+10$이므로

$$5\left(\frac{150+x}{10}+10\right)=70+x,$$
$$\frac{150+x}{2}+50=70+x,\ 150+x+100=140+2x$$
$$\therefore x=110(\text{m})$$

Ⅲ-2.-07

필수예제

정답 ②

풀이

물 xg을 더 넣는다고 하면 소금물은 $(300+x)$g이 되고 소금의 양은 변하지 않으므로

$$\frac{10}{100}\times300=\frac{8}{100}\times(300+x),$$
$$3000=2400+8x-8,\ x=-6$$
$$\therefore x=75(\text{g})$$

확인유제 01

정답 17%

풀이

구하는 소금물의 농도를 x%라 하면 소금의 양은 변함이 없으므로

$$\frac{12}{100}\times200+\frac{x}{100}\times300=\frac{15}{100}\times500,$$
$$2400+300x=7500,\ 300x=5100$$
$$\therefore x=17$$

따라서, 17%의 소금물을 섞으면 된다.

확인유제 02

정답 75g

풀이

물 xg을 증발시킨다고 하면 소금물은 $(200-x)$g이 되고 소금의 양은 변하지 않으므로

$$200\times\frac{5}{100}=(200-x)\times\frac{8}{100},\ (\text{g})$$
$$1000=1600-8x,\ 8x=600$$
$$\therefore x=75$$

Ⅲ-2.-08

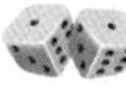

필수예제

정답 20분

풀이

x분 후에 물의 양이 같아진다고 할 때,
x분 후에 A 탱크의 물의 양 : $(250+25x)$L,
x분 후에 B 탱크의 물의 양 : $(150+30x)$L,

A, B의 물의 양이 같아지므로
$$250+25x=150+30x,\ -5x=-100$$
$$\therefore x=20(\text{분})$$
따라서, 20분 후에 두 물탱크 A, B의 물의 양이 같아진다.

확인유제 01

정답 2일

풀이

해야 할 일의 양을 1이라 하고,
A, B 사람이 같이 일한 날을
$$250+25x=150+30x,\ -5x=-100\ \ \therefore x=20\text{일}$$
이라 하면 A, B가 하루에 일하는 양은 각각
$\frac{1}{3},\ \frac{1}{6}$이므로 $\frac{1}{3}x+\frac{1}{6}x=1,\ 2x+x=6\ \ \therefore x=2$
따라서, 2일 걸린다.

확인유제 02

정답 130°

풀이

n시 x분....3시 40분일 때의 각을 구하면,

$$\left|\frac{11}{2}x-30n\right|^{\circ}=\left|\frac{11}{2}\times40-30\times3\right|$$
$$\left|\frac{11}{2}\times40-30\times3\right|^{\circ}=|220-90|=130^{\circ}$$

Ⅲ-2. 개념다지기 문제

01 **정답** (1) ㉣ (2) ㉠ (3) ㉢ (4) ㉡

풀이

(1) 양변을 4로 나누므로 ㉣
(2) 양변에 3을 더하므로 ㉠
(3) 양변에 3을 곱하므로 ㉢
(4) 양변에서 5를 빼므로 ㉡

02 **정답** ④

풀이

$(4+x)+(x+6)=20$이므로
$$2x+10=20\ \ \therefore x=5$$

03 **정답** 120쪽

풀이

책의 전체 쪽수를 x쪽이라 하면,

첫째 날 읽은 양은 $\frac{1}{3}x,$

둘째 날 읽은 양은 $\frac{1}{4}x$ 이므로

$$\frac{1}{3}x+\frac{1}{4}x+10=\frac{2}{3}x\ \ \therefore x=120(\text{쪽})$$

04 정답 33명

풀이

처음의 여자의 수를 x(명)라 하고 여자가 13명 돌아간 시점을 1차, 남자가 35명 돌아간 시점을 2차라 하면

	남은 여자의 수	남은 남자의 수
1차	$x-13$	$2(x-13)$
2차	$x-13$	$2(x-13)-35$

따라서, 마지막 남은 여자의 수는 마지막 남은 남자의 수의 4배이므로
$x-13=4\times\{2(x-13)-35\}$이다.
이 식을 풀면 $x=33$
∴ 33명

05 정답 ②

풀이

기차가 철교를 완전히 건너는 데 움직인 거리는
(기차의 길이)+(철교의 길이)=120+380=500(m)
=0.5(km)
한편, 15초를 시간으로 나타내면
$15(초)=15\times\dfrac{1}{60}\times\dfrac{1}{60}=\dfrac{1}{240}(시간)$

따라서, 이 기차의 속력을 $x$km/시라 하면
$\dfrac{1}{240}x=0.5$에서 $x=120$(km/시)

06 정답 2km

풀이

집에서 약속 장소까지의 거리를 $x$km라 하면
$\dfrac{x}{4}-\dfrac{5}{60}=\dfrac{x}{15}+\dfrac{17}{60}$
양변에 60을 곱하면
$15x-5=4x+17,\ 15x-4x=17+5,\ 11x=22$ (km)
∴ $x=2$

07 정답 10km

풀이

집에서 학교까지의 거리를 $x$km라 하면
(자전거로 간 시간)−(버스로 간 시간)=45(분) 이다.
$(시간)=\dfrac{(거리)}{(속력)}$ 이므로
$\dfrac{x}{10}-\dfrac{x}{40}=\dfrac{45}{60}=\dfrac{3}{4},\ 4x-x=30,\ 3x=30$
∴ $x=10$(km)

08 정답 ①

풀이

물 xg을 증발시킨다고 하면 소금물은 $(400-x)$g이 되고 소금의 양은 변하지 않으므로
$\dfrac{15}{100}\times400=\dfrac{20}{100}\times(400-x),$ (g)
$6000=8000-20x,\ 20x=2000$
∴ $x=100$

09 정답 7시 $5\dfrac{5}{11}$분

풀이

분침은 1분에 $6°$씩 가고, 시침은 1분에 $0.5°$씩 가므로 x분 후에 분침과 시침이 $180°$를 이룬다면
$6x+180=0.5x+210,\ 5.5x=30,$
$x=\dfrac{300}{55}=\dfrac{60}{11}=5\dfrac{5}{11}$(분)

따라서, 구하는 시각은 7시 $5\dfrac{5}{11}$분이다.

10 정답 ⑤

풀이

전체 학생 수를 x로 놓으면
남학생 수 : $\dfrac{1}{3}x+5$, 여학생 수 : $\dfrac{3}{4}x-7$
(남학생 수)+(여학생 수)=(전체 학생 수)이므로
$\dfrac{1}{3}x+5+\dfrac{3}{4}x-7=x,\ 4x+60+9x-84=12x,$
$13x-24=12x$
∴ $x=24$(명)

 Ⅳ-1.-01

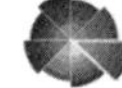 필수예제

정답 (1), (3), (4)

풀이

(2) $x=2$에 대하여 y의 값이 2의 배수인 2, 4, 6, …의 여러 개가 정해지므로 함수가 아니다. 따라서, 함수인 것은 (1), (3), (4)이다.

확인유제 01

정답 ②

확인유제 02

정답 $y=6x$, 함수이다.

풀이

함수이고 관계식은 (평행사변형의 넓이)=(밑변의 길이)×(높이)이므로 $y=6x$이다.

 Ⅳ-1.-02

필수예제

정답 (1) −5 (2) 0

확인유제 01

정답 ⑤

$f(-3)=3,\ f(-2)=1,\ f(2)=2,\ f(3)=1$이므로
치역은 {1, 2, 3}이다.

확인유제 02

 {-2, 0, 2}

$f(x)=\dfrac{1}{2}x$의 치역이 {-1, 0, 1}이므로

$f(x)=-1$일 때, $-1=\dfrac{1}{2}x$에서 $x=-2$

$f(x)=0$일 때 $0=\dfrac{1}{2}x$에서 $x=0$,

$f(x)=1$일 때 $1=\dfrac{1}{2}$에서 $x=2$ 따라서,

주어진 함수의 정의역은 {-2, 0, 2}이다.

Ⅳ-1.-03

필수예제

 풀이참조

원점을 기준으로 P, Q, R, S를 나타내면 그림
과 같다.

확인유제 01

 풀이참조

Ⅳ-1.-04

필수예제

 ③

A(2, 3), B(-2, 3), C(-3, 2), D(-2, -3),
E(-3, -2)

확인유제 01

 ①

$(0+2,\ 1-3)\ \to\ (2,\ -2)$

Ⅳ-1.-05

필수예제

 ④

점이 제3사분면에 있으면 x좌표와 y좌표가 모
두 음수이다.

확인유제 01

 풀이참조

A(+, +) : 제1사분면,
B(+, -) : 제4사분면
C(-, +) : 제2사분면
D(-, -) : 제3사분면

확인유제 02

 ③

③의 점 C는 (+, -)이므로 제4사분면의 점이다.

Ⅳ-1.-06

필수예제

 P(5, 2), Q(-5, -2), R(-5, 2)

확인유제 01

 (1) P(2, -1)
(2) Q(-2, 1)
(3) R(-2, -1)

Ⅳ-1. 개념다지기 문제

01 M(-1)

두 점 $A(a)$, $B(b)$의 중점을 $M(x)$라 하면
$x=\dfrac{a+b}{2}$ $\therefore\ M\left(\dfrac{-5+3}{2}\right)=M(-1)$

02 (1) (4, -2) (2) (4, -6) (3) (4, 2)

(1) B⊗A는 A를 행하고 B를 행하는 것이므로
   $(1,\ 4)\to(1,\ -4)\to(4,\ -2)$
(2) A⊗B는 B를 행하고 A를 행하는 것이므로
   $(1,\ 4)\to(4,\ 6)\to(4,\ -6)$

(3) $A \otimes (B \otimes A)$는 $B \otimes A$를 행하고 A를 행하는 것
이므로 $(1, 4) \rightarrow (4, -2) \rightarrow (4, 2)$

03 정답 ⑤

풀이

제3사분면에 있는 점은 $x < 0$, $y < 0$이므로 ⑤이다.

04 정답 ③

풀이

$a < 0$, $b > 0$이므로 $a - b < 0$, $ab < 0$
따라서, 점 $A(a-b, ab)$는 제3사분면 위에 있다.

05 정답 ④

풀이

④ $(0, -2)$는 y축 위의 점이고, 축 위의 점은 어
떤 사분면에도 속하지 않는다.

06 정답 제1사분면

풀이

점 $A(a, b)$를 x축에 대하여 대칭이동한 점은
$C(a, -b)$ 점 C가 제4사분면의 점이므로
$a > 0$, $-b < 0$, 즉 $a > 0$, $b > 0$ $\therefore a+b > 0$, $ab > 0$

07 정답 ②

풀이

점 $P(a, b)$가 제3사분면의 점이므로, $a < 0$, $b < 0$에
서 $a+b < 0$, $ab > 0$이다.
따라서, 점 Q는 제2사분면의 점이다.

08 정답 제2사분면

풀이

$a > 0$, $b < 0$이므로
$2b - a = 2b + (-a) < 0$, $a - b = a + 9 - b) > 0$
따라서, 점 P는 $(-, +)$이므로 제2사분면의 점이다.

09 정답 ④

풀이

$xy > 0$이므로
(x, y)의 좌표의 부호는 $(+, +)$ 또는 $(-, -)$,
$x + y < 0$이므로
(x, y)의 좌표의 부호는 $(-, -)$
따라서, $P(-x, y)$의 좌표의 부호는 $(+, -)$이므로
제4사분면의 점이다.

10 정답 ③

풀이

점 $P(x, y)$가 제2사분면에 있으므로 $x < 0$, $y > 0$
이다.
ㄱ. x의 절댓값이 y의 절댓값보다 클 때만
   $x + y < 0$이다.
ㄴ. 서로 다른 부호의 두 수의 곱이므로 $x + y < 0$
ㄷ. $x < 0$, $-y < 0$이므로 $x + (-y) < 0$이다.
ㄹ. $x \div y = x \times \dfrac{1}{y} < 0$이다.
따라서, 옳은 것은 ㄴ, ㄷ이다.

11 정답 ④

풀이

점 $P(a, b-1)$과 y축에 대하여 대칭인 점의 좌표
는 $(-a, b-1)$이고 $Q(a+2, 2b)$이므로
$-a = a+2$, $b-1 = 2b$에서
$a = -1$, $b = -1$ $\therefore 2b - 3a = 1$

Ⅳ-2.-01

필수예제

정답 ②

풀이

오른쪽 아래로 향하는 직선이므로 $y = ax$에서
$a < 0$이고, ②, ③, ④ 중 점 $(1, -2)$를 지나는
그래프는 ② 이다.

확인유제 01

정답 -1

풀이

점 $P(a, 3a+1)$이 직선 $y = 2x$의 그래프 위의
점이므로 $3a + 1 = 2a$ $\therefore a = -1$

Ⅳ-2.-02

필수예제

정답 풀이참조

풀이

정의역이 0을 제외한 수 전체의 집합일 때,
함수 $y = -\dfrac{3}{x}$의 그래프는 그림과 같다.

확인유제 01

정답 1

풀이

$f(-3) = \dfrac{a}{-3} = \dfrac{2}{3}$에서 $a = -2$이므로

$f(x) = -\dfrac{2}{x}$

$f(-1) = -\dfrac{2}{-1} = 2$, $f(2) = -\dfrac{2}{2} = -1$

$\therefore f(-1) + f(2) = 2 + (-1) = 1$

확인유제 02

정답 ②

풀이

$2 > 0$이므로 제 1, 3사분면을 지난다.

필수예제

정답 ②

풀이

$y = ax$에 $(-4, 2)$를 대입하면

$2 = -4a$ $\therefore a = -\dfrac{1}{2}$

확인유제 01

정답 3

풀이

$y = ax$에 $x = -4$, $y = -2$를 대입하면

$-2 = -4a$, $a = \dfrac{1}{2}$ $\therefore y = \dfrac{1}{2}x$

이 식에 $x = 6$을 대입하면 $y = \dfrac{1}{2} \times 6 = 3$

필수예제

정답 (1) 20L (2) y=15x

풀이

(1) 300km를 가려면 1L로 갈 수 있는 거리가

15km이므로 $300 \div 15 = \dfrac{300}{15} = 20(L)$

(2) 휘발유 1L로 갈 수 있는 거리가 15km이
므로 휘발유의 양 x와 거리 y사이에는
$y = 15x$인 관계가 있다.

확인유제 01

정답 (1) 풀이참조
  (2) $y = 4x$
  (3) 정의역: $\{x / 0 \leq x \leq 12\}$,
      치역: $\{y / 0 \leq y \leq 48\}$

풀이

(1) 점 P가 움직임에 따라 x의 값이 하나 정
해지면 그 때의 넓이 y가 오직 하나씩 결
정되므로 x, y사이의 관계는 함수이다.

(2) $\triangle$ABP는 밑변의 길이가 x이고, 높이가 8
인 삼각형이므로
$$y = \dfrac{1}{2} \times x \times 8 = 4x \, (0 \leq x \leq 12)$$

01 **정답** -6

풀이

$y = ax$의 그래프를 y축에 대칭이동시킨 식을
$y = cx$라 하면 이 그래프가 점 $(1, 2)$를 지나므로
$c = 2$ $\therefore y = 2x$
따라서, $y = 2x$의 그래프를 y축에 대칭이동시키면
$y = -2x$

02 **정답** ⑤

풀이

㉠에 의해 $y = ax \, (a \neq 0)$, ㉡에 의해 $a < 0$, ㉢에 의
해 a의 절댓값이 제일 크다.
따라서, 주어진 조건을 모두 만족하는 것은 ⑤
$y = -100x$

03 **정답** ⑤

풀이

$y = -\dfrac{a}{x}$의 그래프 위에 점 $(-3, 2)$가 있으므로

$x = -3$, $y = 2$를 대입하면 $2 = -\dfrac{a}{-3}$ $\therefore a = 6$

따라서, $y = -\dfrac{6}{x}$에 $x = 2$, $y = b$를 대입하면

$b = -\dfrac{6}{2} = -3$

$\therefore a - b = 6 - (-3) = 6 + 3 = 9$

04 **정답** ③

풀이

$(-1, -8)$, $(-2, -4)$, $(-4, -2)$, $(-8, -1)$, $(1, 8)$,
$(2, 4)$, $(4, 2)$, $(8, 1)$

05 **정답** $y = 60x$

풀이

1시간은 60분이므로 초침은 1시간 동안 60회전한
다. x시간 동안 초침은 $60x$회전하므로 $y = 60x$

06 **정답** 3시간

풀이

사과 120kg을 6명이 나르려면 6명이 모두 두 번
씩 날라야 하므로 걸리는 시간은 3시간이다.

07 **정답** ④

풀이

점 P의 y좌표는 $\dfrac{a}{2}$이고 점 Q의 y좌표는 $\dfrac{a}{3}$이므

로 점 P와 점 Q의 y좌표의 차는 $\dfrac{a}{2} - \dfrac{a}{3} = \dfrac{a}{6}$

$\therefore a = 12$

 정답 ⑤

풀이

$a-b$가 최소가 되기 위해서는 a는 최소, b는 최대
이어야 한다. 그런데 점 $P(a,\,b)$가 점 $A(-1,\,4)$에
위치할 때 a의 값은 최소, b의 값은 최대가 된다.
$\therefore 2a+b=2\times(-1)+4=2$

09 **정답** 1시간 30분

풀이

거리는 90km로 일정하므로 $y=\dfrac{90}{x}$

이 때, $x=60$을 대입하면 $y=\dfrac{90}{60}=\dfrac{3}{2}$(시간)이므로
1시간 30분이 걸린다.

V-1.-01

 **필수예제**

정답 (1)　　(2) 1　(3) 18

줄기	잎
0	2 3 7
1	1 3 4 5 8
2	2 2

 **확인유제 01**

정답 (1) n=15, A=8, C=2이므로
　　　$3n-2C=45-8=37$
　　　(2) 18

V-1.-02

 **필수예제**

정답 (1) 10　(2) 15명　(3) 12명
풀이

(1) A=40-(4+8+15+3)=40-30=10
(2) 계급값이 105분인 계급은 90~120이고,
　　이 때 도수는 15명이다.
(3) 계급 0~30이 4명, 30~60이 8명이므로
　　구하는 학생 수는 4+8=12(명)

 **확인유제 01**

정답 (1) 10 (2) 70분
풀이

(2) 도수 14가 가장 크고 계급의 크기가 20이
　　므로 도수가 14인 계급은 60~80이다.
　　$\therefore$ (계급값)$=\dfrac{60+80}{2}=70$(분)

V-1.-03 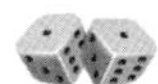

 **필수예제**

정답

던진 거리(m)	학생수(명)
$15^{이상}\sim 20^{미만}$	3
20 ～ 25	4
25 ～ 30	4
35 ～ 40	2
40 ～ 45	2
합계	15

확인유제 01

정답 (1)

맥박 수(회)	학생수(명)
$70^{이상}\sim 75^{미만}$	1
75 ～ 80	3
80 ～ 85	6
85 ～ 90	3
90 ～ 95	3
합계	16

(2) 3명

V-1.-04

 **필수예제**

정답 46kg
풀이

주어진 자료의 평균은

(평균)
$$=\dfrac{25\times1+35\times4+45\times9+55\times4+65\times2}{20}$$
$$=\dfrac{920}{20}=46\,(kg)$$

확인유제 01

정답 (1) 7개　　　　(2) 102g
풀이

(1) 25-(1+3+8+5+1)=7개
(2) (평균)
$$=\dfrac{\begin{aligned}&(50\times1)+(70\times3)+(90\times8)\\&+(110\times7)+(130\times5)+(150\times1)\end{aligned}}{25}$$
$$=\dfrac{2550}{25}=102\,(g)$$

01 **정답** (1) 5분 이상 15분 미만 (2) 40분
풀이
(1) 도수 2가 가장 작으므로 도수가 가장 작은 계급은 5~15이다.
(2) 통학 시간이 37분인 학생은 계급 35~45에 속하므로 그 계급값은 40분이다.

02 **정답** $50 \le x < 60$
풀이
계급의 범위는
$55 - \dfrac{10}{2} \le x < 55 + \dfrac{10}{2}$ 이므로 $50 \le x < 60$

03 **정답**

활동 시간(시간)	학생 수(명)
$0^{이상}$ ~ $3^{미만}$	2
3 ~ 6	8
6 ~ 9	13
9 ~ 12	5
12 ~ 15	2
합계	30

04 **정답** ③
풀이
(평균 속력)
$$= \frac{45\times7+55\times10+65\times14+75\times11+85\times6+95\times2}{50}$$
$$= \frac{315+550+910+825+510+190}{50}$$
$$= \frac{3300}{50} = 66(km/h)$$

05 **정답** A=2, B=20
풀이
B=2+A+8+5+3 이므로 B=18+A…①
평균$=\dfrac{\{(계급값 \times 도수)의\ 총합\}}{총도수}$ 이므로
$$\frac{3\times2+4\times A+5\times8+6\times5+7\times3}{B}=5.25$$
따라서 $\dfrac{4A+97}{B}=5.25…②$,
①을 ②에 대입하면 $\dfrac{4A+97}{18+A}=\dfrac{525}{100}$ 이것을 풀면
A=2, B=20

06 **정답** (1) 1520m (2) 38m
풀이
(1) $15\times4+25\times6+35\times12+45\times20+55\times8$
  $=1520(m)$

(2) 공 던지기의 기록의 총합이 1520m이고 총 학생 수가 40명이므로
$$(평균)=\frac{1520}{40}=38(m)$$

필수예제
정답 (1) 30명 (2) 10명
풀이
(1) 전체 학생 수는 2+5+6+7+5+4+1=30(명)
(2) 70점 이상인 학생 수는 5+4+1=10(명)

확인유제 01
정답 (1) 15.5초 (2) 10%
풀이
(1) 도수가 9인 계급은 15~16이므로 계급값은 $\dfrac{15+16}{2}=15.5(초)$
(2) 전체 학생 수는
  3+9+22+14+6+4+2=60(명)
  계급 18~19의 도수는 6이므로
  구하는 값은 $\dfrac{6}{60}\times100=10(\%)$

필수예제
정답 (1) 14명
  (2) 70점 이상 80점 미만
  (3) 54%
풀이
(1) 70점인 학생이 속하는 계급은 70~80이므로 도수는 14명이다.
(2) 점수가 높은 쪽부터 차례로 3명, 10명, 14명이므로 23번째인 학생은 계급 70~80에 속한다.
(3) 70점 이상인 학생은 14+10+3=27(명)이므로 $\dfrac{27}{50}\times100=54(\%)$

확인유제 01
정답 (1) 6~9 (2) 8.1시간
풀이
(1) 도수가 가장 큰 계급은 6~9이다.

(2) (평균)

$$= \frac{\begin{array}{c}(1.5\times4+4.5\times8+7.5\times12+10.5\\ \times10+13.5\times4+16.5\times2)\end{array}}{40}$$

$$= \frac{324}{40}=8.1(시간)$$

필수예제

정답 (1) 40명 (2) A=4, B=0.2, C=0.25

풀이

(1) $(상대도수)=\dfrac{(계급의 도수)}{(도수의 합)}$ 이므로

$(도수의 합)=\dfrac{(계급의 도수)}{(상대도수)}$

∴ (전체 학생 수)$=\dfrac{2}{0.05}=40(명)$

(2) A=40-(2+8+12+10+4)=4, B=$\dfrac{8}{40}$=0.2,

C=$\dfrac{10}{40}$=0.25

확인유제 01

정답 (전체도수)=50명, A=0.13, B=0.32

풀이

70점 미만인 학생이 전체의 29%이므로

0.16+A=0.29

∴ A=0.13

∴ B=1-(0.16+0.13+0.25+0.14)=0.32

또, 90점 이상인 학생이 7명이므로

(전체도수)$=\dfrac{7}{0.14}=50(명)$

필수예제

정답 (1) 16명 (2) 15%

풀이

(1) 상대도수가 가장 큰 계급의 도수를

x명이라 하면 $\dfrac{x}{40}=0.4$

∴ x=40×0.4=16(명)

(2) 0.15×100=15(%)

확인유제 01

정답 (1) 12명 (2) 12명

풀이

---

(1) 계급값이 147.5인 계급 140~150의 상대
도수가 0.2이므로
(계급의 도수)=0.2×60=12(명)

(2) 키가 160cm 이상인 상대도수는
0.1+0.05+0.05=0.2
∴ (구하는 학생 수)=0.2×60=12(명)

01 **정답** ⑤

풀이

⑤는 도수분포표를 설명한 말이다.

02 **정답** (1) 4점 (2) 14점 (3) 55%

풀이

(1) 계급의 크기는 8-4=4(점)

(2) 도수가 가장 큰 계급은 12~16이므로
계급값은 $\dfrac{12+16}{2}=14(점)$

(3) 전체 학생이 8+10+14+8=40(명)이고
12점 이상인 학생은 14+8=22(명)이므로
$\dfrac{22}{40}\times100=55(\%)$

03 **정답** (1) 0.5초 (2) 23명 (3) 풀이참조

풀이

(2) 13+10=23(명)

(3) 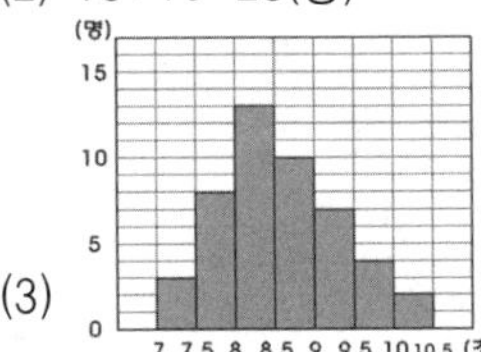

04 **정답** (1) 0.2 (2) 15

풀이

(1) $(상대도수)=\dfrac{(계급의 도수)}{(도수의 합)}=\dfrac{6}{30}=0.2$

(2) 구하는 도수를 x명이라 하면
$0.3=\dfrac{x}{50}$, x=50×0.3
∴ x=15

05 **정답** 8 : 9

풀이

둘레의 길이가 52cm 이상 54cm 미만인 계급의
각 공장의 모자 수를 4x, 3x로 놓으면 상대도수의
비는 $\dfrac{4x}{300}:\dfrac{3x}{200}=8:9$

06 정답 (1)

독서량(권)	학생 수(명)	상대도수
0이상 ~ 5미만	2	0.05
5 ~ 10	4	0.1
10 ~ 15	14	0.35
15 ~ 20	10	0.25
20 ~ 25	6	0.15
25 ~ 30	4	0.1
합계	40	1

(2)

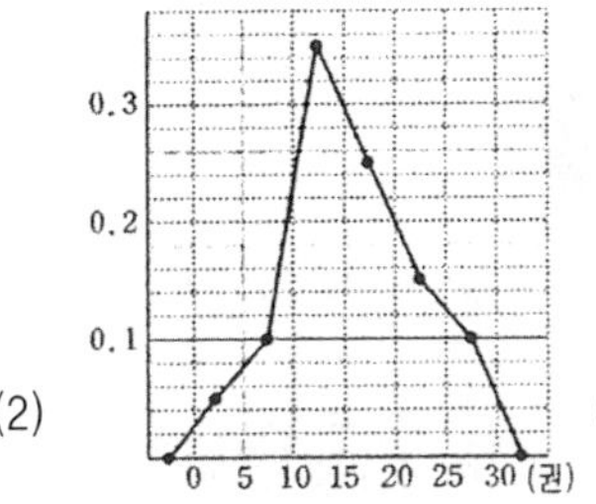

(

07 정답 (1) 30% (2) 4명
풀이
(1) 60 이상 65 미만의 상대도수가 0.2이므로 전체의 20%이고 65이상 70미만의 상대도수가 0.1 이므로 전체의 10%이다.
따라서 60kg 이상인 학생은 전체의 20+10 =30(%)이다.

:::: 단원별 평가 ::::

제 1 회

01 ③　　02 ⑤
03 ②　　04 ④
05 ③　　06 ②
07 ④
08 (1) $40 = 2^3 \times 5$
　　(2) $1, 2, 4, 5, 8, 10, 20, 40$
09 $24, 40$
10 $(+2) - (-3) = 5$,
　　$(-3) - (+2) = -5$이므로
　　교환법칙이 성립하지 않는다.
11 $A = 3$, $B = \dfrac{9}{2}$, $C = 6$, $D = -9$
12 (1) ① 자연수 : $\dfrac{6}{3}$

② 정수 : $-2, \dfrac{6}{3}, 0$

③ 유리수 : $-2, -\dfrac{3}{7}, \dfrac{2}{9}, \dfrac{6}{3}, 0, 1\dfrac{2}{3}$

(2) $-2, -\dfrac{3}{7}, 0, \dfrac{2}{9}, 1\dfrac{2}{3}, \dfrac{6}{3}$

13 302 명

14 $-\dfrac{2}{3}$

15 $0.77x$ 또는 $\dfrac{77}{100}x$ 원

16 $5x - 2$

제 2 회

01 ④　　02 ③
03 ②　　04 ①
05 ①　　06 ⑤
07 ⑤　　08 ①
09 ②　　10 ②
11 최대공약수 72
　　약수 1, 2, 3, 4, 6, 8, 9, 12, 18, 24, 36, 72
12 36
13 9가지

제 3 회

01 ⑤　　02 ②
03 ⑤　　04 ④
05 ①　　06 ③
07 ④　　08 ④
09 6개 또는 12개
10 $(1, -1, 5), (2, -1, 5),$
　　$(3, -1, 5), (4, -1, 5)$
11 (1) $\dfrac{1}{8}$　(2) $-\dfrac{9}{4}$
12 $A > C > B$

제 4 회

01 ①　　02 ①
03 ④　　04 ②
05 ③　　06 ⑤
07 ⑤　　08 ②

09 ④
10 50그루
11 $a=1,\ b=1$
12 $-\dfrac{1}{18}$
13 18

제 5 회

01 ②,③,⑤	02 ③
03 ②	04 ⑤
05 ①	06 ⑤
07 ②	08 ④
09 ③	10 ②
11 ④	12 ④
13 ②	14 ①
15 ⑤	16 ④
17 ①	18 ③
19 ①	20 ④

21 18명
22 $b=-3$
23 (1) $a=9, b=3$

　　(2) 함수 : $y=\dfrac{9}{x}$　정의역 : $\{x \mid x>0\ \}$

제 6 회

01 ⑤	02 ⑤
03 ②	04 ④
05 ⑤	06 ①,④
07 ②	08 ①
09 ⑤	10 ④
11 ⑤	12 ③
13 ③	14 ⑤
15 ①	16 ④
17 ②	18 ⑤
19 ③	

20 $a=-\dfrac{1}{2}, b=-2, c=-1$

21 2일
22 ②

제 7 회

01 ③	02 ①
03 ⑤	04 ④
05 ②	06 ②
07 ②	08 ③
09 ①	10 ④
11 ③	12 ②
13 16분	14 ④

제 8 회

01 ①	02 ③
03 ④	04 ②
05 ③	06 ④
07 ④	08 ③④
09 ③	10 ②③
11 ④	12 ②
13 ⑤	14 ①③④
15 ②	16 ③
17 ⑤	18 ①
19 ⑤	

 **memo**

iBS 교육방송 중학수학 1-1

초판인쇄일 | 2014년 1월 20일
1쇄발행일 | 2014년 1월 25일

지 은 이 | 김진호(땡님)
펴 낸 이 | 이용배
책임감수 | IPTV교육방송 편성위원장(김성태)
감　　수 | 이경우, 김서진, 김진호, 김현진,
　　　　　　박은하, 박황민, 신은정, 이기홍,
　　　　　　이원광, 이정봉, 이종석, 이종헌,
　　　　　　정진경, 조동영

펴 낸 곳 | IPTV교육방송(강남스터디)
디 자 인 | 박수정, 김화현
제　　작 | 송재호
홍　　보 | 권재흥
문　　의 | http://iptvstudy.co.kr(IPTV교육방송)
상　　담 | 강남스터디 02) 515-0058

총　　판 | 가나북스 www.gnbooks.co.kr
전　　화 | 031) 408-8811(代)
팩　　스 | 031) 501-8811

▥ 가격은 뒷표지에 있습니다.
▥ 이 책은 저작권법에 따라 엄격히 보호를 받는 저작물이므로 무단 전재 및 복제를 금합니다.
▥ 잘못된 책은 구입하신 곳에서 교환해 드립니다.